12 GRANDES MÉDIUNS BRASILEIROS

12 GRANDES MÉDIUNS BRASILEIROS

CONHEÇA A HISTÓRIA
DE PERSONALIDADES QUE
VIVERAM COM A MISSÃO DE
FAZER O BEM E DE DIVULGAR
A DOUTRINA ESPÍRITA

HarperCollins *Brasil*

Rio de Janeiro, 2016

© 2016, by Daniela Hirsch

Direitos de edição da obra em língua portuguesa no Brasil adquiridos pela Casa dos Livros Editora LTDA. Todos os direitos reservados. Nenhuma parte desta obra pode ser apropriada e estocada em sistema de banco de dados ou processo similar, em qualquer forma ou meio, seja eletrônico, de fotocópia, gravação etc., sem a permissão do detentor do copyright.

Rua Nova Jerusalém, 345 – Bonsucesso – 21042-235
Rio de Janeiro – RJ – Brasil
Tel.: (21) 3882-8200 – Fax: (21) 3882-8212/8313

CIP-BRASIL. CATALOGAÇÃO NA PUBLICAÇÃO
SINDICATO NACIONAL DOS EDITORES DE LIVROS, RJ

H559d

    Hirsch, Daniela

        12 grandes médiuns brasileiros : conheça a história de personalidades que viveram com a missão de fazer o bem e de divulgar a doutrina espírita / Daniela Hirsch. - 1. ed. - Rio de Janeiro : HarperCollins Brasil, 2016.
        200 p.

    Inclui bibliografia
    ISBN 9788569809265

        1. Espiritismo. 2. Médiuns. I. Título : Doze grandes médiuns brasileiros : conheça a história de personalidades que viveram com a missão de fazer o bem e de divulgar a doutrina espírita.

CDD: 133.9
CDU: 133.7

SUMÁRIO

O ESPIRITISMO COMO CAMINHO 7
A religião que trata da natureza, da origem
e do destino dos espíritos dissemina seus princípios
por meio de trabalhos mediúnicos e ensinamentos
para progredir na direção do bem

ADELAIDE AUGUSTA CÂMARA 17
A educadora e poetiza com múltiplas
habilidades mediúnicas

ANTÔNIO GONÇALVES DA SILVA (BATUÍRA) 35
De espírito humanitário e idealista, um médium de
cura e pai de flagelados

EURÍPEDES BARSANULFO 49
Uma vida terrena curta, marcada por atitudes inéditas
em prol do Espiritismo

FRANCISCO CÂNDIDO XAVIER (CHICO XAVIER) 69
O ícone espírita responsável pelo fortalecimento da
doutrina no século XX

FRANCISCO LEITE DE BITTENCOURT SAMPAIO 87
O advogado que se dividia entre as vidas política, cultural
e de benfeitorias espirituais

FREDERICO PEREIRA DA SILVA JÚNIOR 101
Por décadas, a prática do bem através de uma
prodigiosa mediunidade

INÁCIO BITTENCOURT 115
O barbeiro que curava os males físicos
e da alma como médium receitista

JOÃO NUNES MAIA 129
Suas lições através da psicografia
e a criação de uma pomada transformadora

JOSÉ PEDRO DE FREITAS (ZÉ ARIGÓ) 145
Mesmo contra as autoridades, o médium
atendeu mais de 2 milhões de enfermos

SPARTACO GHILARDI 157
O orientador espiritual que entendia,
como poucos, os problemas humanos

YVONNE DO AMARAL PEREIRA 171
Da infância à desencarnação, uma vida
dedicada à doutrina espírita

ZILDA GAMA 185
Uma das pioneiras na psicografia
de obras literárias espíritas

REFERÊNCIAS BIBLIOGRÁFICAS 197

O ESPIRITISMO COMO CAMINHO

A RELIGIÃO QUE TRATA DA NATUREZA, DA ORIGEM E DO DESTINO DOS ESPÍRITOS DISSEMINA SEUS PRINCÍPIOS POR MEIO DE TRABALHOS MEDIÚNICOS E ENSINAMENTOS PARA PROGREDIR NA DIREÇÃO DO BEM

Uma ciência. Uma doutrina. Uma religião. O Espiritismo tem, em sua definição, todas essas palavras, que representam de maneira simples e direta a fé de seus seguidores e simpatizantes. Sua essência mescla os princípios da caridade (que bebe na fonte do Catolicismo), das reencarnações (encontradas no Budismo), das teorias evolucionistas (alinhadas com Charles Darwin) e de mais um punhado de outras manifestações.

No livro *Iniciação Espírita*, seu autor, Allan Kardec, define o Espiritismo como "ao mesmo tempo, uma ciência da observação e uma doutrina filosófica. Como ciência prática, consiste nas relações que se podem estabelecer com os espíritos; como filosofia, compreende todas as consequências morais que decorrem dessas relações".

O CÉTICO CIENTISTA SE RENDE AOS ESPÍRITOS

Allan Kardec é o codificador da doutrina espírita. Ao contrário do que se imagina, esse francês batizado como Hippolyte Rivail era pedagogo, cientista e, como tal, suas crenças só encontravam espaço no terreno racional. Viveu no século XIX, em uma França que procurava reorganizar sua sociedade sob a bandeira da razão, aliada ao conhecimento científico. A burguesia tomava as rédeas da política e da economia. O progresso e o materialismo representavam o lado luminoso das nações ocidentais. Em contrapartida, nesse período houve um recuo da força das religiões tradicionais, principalmente nos centros mais urbanizados e intelectualizados.

O cético estudioso ministrava cursos em sua própria casa sobre Química, Física, Anatomia e outras ciências, que alimentavam as mentes curiosas da primeira metade daquele século. Em meados de 1855, o fenômeno das "mesas girantes" agitava a vida dos franceses. Pessoas se reuniam em espaços públicos ou residências, ao redor de uma mesa e iniciavam perguntas. O móvel se movimentava sozinho — fato considerado como resposta aos questionamentos dos participantes. Ao tomar conhecimento desses encontros, Rivail optou por tentar desvendar o que acontecia durante aquelas sessões, com eventos provocados pela ação direta de espíritos. Ainda descrente, tentava encontrar justificativas racionais e mergulhou nos estudos de várias correntes de misticismo. À época, ele escreveu: "Estamos longe de conhecer todos os agentes ocultos da natureza." Foi em uma dessas sessões que escutou ter sido, em outra encarnação, o celta Allan Kardec. E que, como Kardec, ele precisaria organizar os ensinamentos e as conclusões dos últimos séculos em uma doutrina que propagasse os ideais cristãos e trouxesse alívio aos corações dos homens.

NASCE A DOUTRINA ESPÍRITA

Kardec abraçou a missão e se dedicou a reunir todo o material necessário para apresentar o Espiritismo como um conjunto de princípios religiosos, científicos e filosóficos para fazer frente às verdades incontestáveis da Igreja Católica. Dois anos depois de ter contato com as reuniões espíritas, em 1857, ele lança O Livro dos Espíritos. A partir dessa publicação é que se pode falar em Espiritismo.

Aliás, a própria palavra é um neologismo cunhado por Kardec para diferenciar a nova religião dos inúmeros espiritualismos que estavam na moda. Ao discorrer sobre as duas palavras, ele registrou: "O termo espiritualista possui desde há muito uma acepção bem determinada. É a Academia que no-la fornece: ESPIRITUALISTA, aquele ou aquela pessoa cuja doutrina é oposta ao materialismo. Todas as religiões estão necessariamente fundadas no espiritualismo. Quem acredita que existe em nós algo além da matéria é espiritualista, o que não implica a crença nos Espíritos e em suas manifestações. Como distingui-los do que neles acredita? (...) Para as coisas novas, novos nomes são precisos, se quisermos evitar equívocos."

Ao dar forma à nova religião, seu fundador ainda usou outro elemento que a diferenciava das demais: uma comunicação livremente inspirada no vocabulário e no método expositivo dos livros de ciências naturais do século XIX. Ele adotou uma linguagem sintética, de fácil compreensão. Em apenas 13 anos conseguiu montar a doutrina inteira, que, até hoje, segue seus ensinamentos. Além de O Livro dos Espíritos, outras quatro obras norteiam a estrutura e os princípios do Espiritismo: O Livro dos Médiuns (1859), O Evangelho Segundo o Espiritismo (1863), O Céu e o Inferno (1865) e A Gênese (1868).

A ESSÊNCIA DO ESPIRITISMO

De acordo com Kardec, o Espiritismo é uma ciência que trata da natureza, da origem e do destino dos Espíritos e de suas relações com o mundo corporal. As revelações feitas por esses Espíritos apenas reafirmam coisas que a humanidade já sabia e também atualizam e ampliam as informações para que seus seguidores continuem a progredir no campo do intelecto e da moral, na direção do bem.

É uma doutrina cristã, que apresenta Jesus como um espírito mais evoluído, guia e modelo, e ajuda a entender melhor os ensinamentos do Evangelho. Segundo o Espiritismo, todo homem é um canal de comunicação entre os vivos e os Espíritos. Por isso, não existe um papa espírita nem qualquer tipo de hierarquia dentro da religião. A simplicidade pregada também está explicitada pela inexistência de grandes rituais de passagem como casamentos, batismos e enterros. A ideia de céu, inferno e diabo não existe no horizonte espírita. Isso porque o Bem e o Mal podem estar dentro de cada pessoa sem que haja a necessidade de uma localização para cada um.

Uma das premissas básicas é que os Espíritos são criados numa espécie de "ponto zero", onde todos são imperfeitos e devem chegar, após várias e sucessivas encarnações, à perfeição. A cada vinda, o Espírito aprende mais sobre bondade, tolerância e caridade. Mas isso não quer dizer que todos sejam bons, já que a religião também considera o livre-arbítrio (a capacidade de cada um escolher seu destino) um elemento importante, lembrando que o homem vai responder por suas ações. Os Espíritos só se tornam mais iluminados e superiores à medida que deixam de lado os maus hábitos e os aspectos ruins de seu caráter.

Kardec segmentou o homem em três porções básicas: o espírito, considerada a essência imortal; o corpo, tido como o invólucro material; e o perispírito, que é o "corpo" que reveste o espírito. Quando a pessoa morre (ou desencarna, como se fala entre os seguidores da doutrina), sua alma e seu perispírito libertam-se do corpo e passam a seguir um trajeto rumo à reencarnação. O mundo material é uma espécie de universidade onde os espíritos aprendem com as provações.

Conforme detalha Kardec em sua obra *Iniciação Espírita*, a propagação do Espiritismo "(...) terá como efeito inevitável a destruição de doutrinas materialistas, incapazes de resistir à evidência dos fatos. O homem, convencido da grandeza e da importância de sua vida futura, que é eterna, compara-a com a instabilidade da vida terrena, que é tão curta, e eleva-se, pelo pensamento, acima das mesquinhas considerações humanas. Conhecendo a causa e a finalidade de seus infortúnios, suporta-os com paciência e resignação, porque sabe que é através deles que atingirá uma posição melhor. (...) Do ponto de vista religioso, o Espiritismo tem por base as verdades fundamentais de todas as religiões: Deus, a alma, a imortalidade, as penas e as recompensas futuras, sendo, porém, independente de qualquer culto em particular. Seu objetivo é provar àqueles que negam ou que duvidam que a alma existe que ela sobrevive ao corpo e que sofre, após a morte, as consequências do bem e do mal que praticar durante a vida corpórea".

FORA DA CARIDADE NÃO HÁ SALVAÇÃO,
prega a mais famosa frase de Allan Kardec.
E para complementá-la, o próprio Kardec resume:

"O Espiritismo suaviza o amargor dos desgostos da vida, acalma o desespero e as agitações da alma, dissipa as dúvidas ou os temores da vida futura, afasta a idéia de abreviar a vida pelo suicídio. E, desse modo, torna felizes aqueles que nele se aprofundam, sendo este o grande mistério de sua rápida propagação."

UMA LUTA CONSTANTE PARA A AFIRMAÇÃO DO ESPIRITISMO

O crescente interesse por parte das pessoas comuns em participar e seguir a doutrina espírita desagradou os líderes da Igreja Católica. Mesmo alinhado com os evangelhos, os adeptos do Espiritismo logo passaram a ser perseguidos. Já em 1861, quatro anos depois de Kardec ter lançado sua primeira obra, o bispo de Barcelona, na Espanha, promoveu um auto de fé com a queima de 300 livros espíritas. Mas, segundo Marcel Souto Maior, jornalista e autor da biografia de Allan Kardec, o fundador do Espiritismo era uma figura política, sabia como se comunicar com a Igreja a fim de reverter o incômodo em publicidade para a doutrina que desejava disseminar. Além do clero, cientistas e políticos europeus engordavam a campanha de difamação do Espiritismo. Mesmo assim, identificada com o Cristianismo, a nova religião se alastrou pelo mundo. Kardec faleceu em 1869, em Paris, aos 64 anos, vítima de um aneurisma. Ao desencarnar, deixou uma legião de sete milhões de seguidores da doutrina

No Brasil, ela aportou em 1860 e logo foi adotada por intelectuais, militares e funcionários públicos. Por aqui a perseguição chegou a ser oficializada. O Código Penal Brasileiro, de 1890, classificava o Espiritismo como crime. Apesar de todas as dificuldades, a religião se fortalecia e expunha à população um de seus lados mais meritórios: a caridade. O ato de fazer o bem às comunidades próximas aos centros espíritas só fortaleceu uma fatia crescente de pessoas que buscava acolhimento no Espiritismo.

Atualmente, no túmulo de Kardec, no cemitério Père-Lachaise, em Paris, há mais mensagens em português do que em francês. Existem algumas explicações para esse fato. Uma delas se refere à aceitação por parte dos brasileiros quanto à ideia de vida após a morte. Além disso, historicamente, o sincretismo religioso sempre esteve presente no cotidiano da população, nas diversas regiões do país. Portanto a convivência com diferentes crenças não era novidade entre as pessoas religiosas. Sem falar que o Brasil já era um país predominantemente católico e os pontos de afinidade com o Cristianismo tornavam a doutrina ainda mais atraente.

As obras de Kardec rapidamente ganharam tradução para o português e, nesta primeira fase de divulgação da fé espírita, destaca-se a figura do médico e político Adolfo Bezerra de Menezes. Foi um personagem emblemático, que presidiu a Federação Espírita Brasileira por anos e dedicava-se à pregação da doutrina por meio de palestras e ações beneficentes, principalmente voltadas à população carente. Outras tantas personalidades que adotaram o Espiritismo como religião se juntaram a Bezerra de Menezes para divulgar a filosofia espírita. Os centros espíritas cresceram por todos os cantos do país. No último censo realizado pelo Instituto Brasileiro de Geografia e Estatística (IBGE), entre 2000 e 2010 o número de espíritas no Brasil cresceu 65%. Segundo o órgão, o Espiritismo tem 3,8 milhões de fiéis autodeclarados e 30 milhões de simpatizantes, de acordo com a Federação Espírita Brasileira.

Este fenômeno de crescimento se deve a outro fato, que reforça o volume de mensagens em português no túmulo de Kardec: a figura do médium mineiro Chico Xavier. A repercussão alcançada por suas atividades psicográficas (escrever mensagens provenientes do plano espiritual) é considerada por muitos estudiosos como o maior fator da expansão do Espiritismo no Brasil, a partir da década de 1970. Outros médiuns que o antecederam e foram conterrâneos também tiveram um trabalho árduo, minucioso e, com frequência, pouco reconhecido fora da seara espírita.

A COMUNICAÇÃO ENTRE OS PLANOS ESPIRITUAL E TERRENO

Segundo o Espiritismo, todo homem é um médium, um canal de comunicação entre os vivos e os Espíritos. De certa forma, qualquer indivíduo mantém um certo intercâmbio com o lado de lá, mas nem todos carregam em si a mediunidade como um conjunto de fenômenos regulares e frequentes com o mundo espiritual.

Dentro da doutrina, recomenda-se estudar as manifestações de mediunidade e conhecer as orientações a respeito para agir com segurança na prática do intercâmbio. Essa comunicação é tão importante que uma das cinco obras de Kardec trata exclusivamente do assunto: *O Livro dos Médiuns*. E seu autor justifica: "A ciência espírita explica o mecanismo da transmissão de pensamento do Espírito ao médium e o papel deste último nas comunicações." Kardec também deixa claro que "o médium possui apenas a faculdade de comunicar, mas a efetivação do ato depende da vontade dos Espíritos. Se estes não desejam manifestar-se, o médium nada obtém. Ele é como um instrumento sem músico. Os Espíritos só se comunicam quando querem e não se submetem aos caprichos de ninguém; nenhum médium tem o poder de fazê-lo aparecer à vontade e contra os seus desejos".

O desenvolvimento da faculdade mediúnica depende da natureza mais ou menos expansível do perispírito do médium e da maior ou menor facilidade da sua assimilação das energias dos Espíritos. E somente deve ser encaminhado ao trabalho de mediunidade quem esteja equilibrado e doutrinariamente esclarecido e conscientizado a fim de não sofrer com as manifestações.

Os médiuns se comunicam com os Espíritos das mais diversas maneiras. Houve um tempo em que essa comunicação se dava por meio de batidinhas na parede. Atualmente, os principais canais são a psicografia e a incorporação. Em sessões denominadas de "desobsessão" (quando um Espírito cheio de más intenções incomoda uma pessoa), os médiuns incorporam essas entidades chamadas "obsessoras" e tentam convencê-las da falta de sentido em assombrar a vida dos encarnados.

A mediunidade não escolhe credo, raça ou condição social. Ela é divina e universal. Entre os grandes médiuns brasileiros, existem inúmeros exemplos de figuras sem grau de instrução, com uma vida simples e simplória. E em suas manifestações mediúnicas, há registros de obras requintadas, com uma linguagem sofisticada e muito além dos conhecimentos de seu intermediário (o médium).

Entre os diversos tipos de mediunidade, destacam-se:

>> **CURA:** capacidade de curar doenças por meio de orações e cirurgias espirituais.

>> **DESOBSESSORA:** aptidão para orientar os espíritos que não são evoluídos, contribuindo para sua elevação.

>> **INTUITIVA:** considerados os médiuns mais elevados, eles ouvem, sentem, recebem o pensamento dos desencarnados de maneira consciente.

>> **PSICOGRAFIA:** transcrição de mensagens provenientes do plano espiritual, com o auxílio de mentores.

>> **PSICOPICTOGRAFIA:** incorporação de pintores desencarnados, desenhando obras incríveis em telas.

>> **VIDÊNCIA:** habilidade de ir para o futuro, tendo visões de algo que poderá ocorrer. Muitos médiuns recorrem à telepatia (quando é possível ouvir a voz) ou à clarividência (enxergar o desencarnado ou cenas distantes). Em algumas sessões pode acontecer a psicofonia (o médium fala como se fosse outra pessoa) ou a xenoglassia (falar ou escrever em outro idioma).

Qualquer que seja a forma com que a mediunidade se manifesta, Kardec enfatiza que a facilidade das comunicações depende do grau de afinidade que existe entre o fluido do médium e o do Espírito. "Cada médium está, assim, mais ou menos apto a receber a impressão ou a impulsão do pensamento de tal ou tal espírito. Ele pode ser um bom instrumento para um e mau para outro. Resulta daí que, estando dois médiuns igualmente bem dotados um ao lado do outro, um Espírito poderá manifestar-se por meio de um e não de outro", detalha Kardec em sua obra *Iniciação Espírita*.

"Os bons espíritos tem afinidade com os bons; donde se segue que as qualidades morais do médium têm uma influência capital sobre a natureza dos Espíritos que se comunicam por seu intermédio."

OS GRANDES MÉDIUNS BRASILEIROS

O fato de qualquer pessoa poder desenvolver sua mediunidade torna enorme o número de intermediários entre o plano físico e o espiritual. Assim como em outros países em que o Espiritismo tem seus fiéis seguidores, no Brasil a lista de personagens com essa habilidade é extensa. São centenas de médiuns, desencarnados ou não, que praticam o bem de diversas formas. A vida de alguns deles está contada em detalhes em publicações que podem ser consultadas, principalmente, na biblioteca da Federação Espírita Brasileira.

Neste livro reunimos a história de doze médiuns brasileiros já desencarnados. Não são os doze maiores, mesmo porque dificilmente podemos comparar seus trabalhos. Selecionamos nomes com vidas diferentes, em regiões distintas do país. O que eles têm em comum? Suas contribuições extrapolam as cidades em que viveram; a partir do momento em que suas atividades mediúnicas tornaram-se sua prioridade, viveram com a missão de levar o bem aos mais necessitados; abdicaram de uma vida pessoal em prol da comunidade. São homens e mulheres, mais ou menos instruídos, com trajetórias de vida que se misturam com a História do país e que contribuíram para a consolidação e divulgação do Espiritismo em solo verde e amarelo.

Preparamos um mosaico de figuras incríveis, com distintas capacidades mediúnicas, que merecem ser conhecidas. Seus legados extrapolam os centros espíritas, deixando grandes contribuições sociais e culturais para as pessoas interessadas em desenvolver a espiritualidade. Vire a página e conheça um pouco destes grandes médiuns brasileiros: Adelaide Augusta Câmara (Aura Celeste), Antônio Gonçalves da Silva (Batuíra), Eurípedes Barsanulfo, Francisco Cândido Xavier (Chico Xavier), Francisco Leite Bittencourt Sampaio, Frederico Pereira da Silva Júnior, Inácio Bittencourt, João Nunes Maia, José Pedro de Freitas (Zé Arigó), Spartaco Ghilardi, Yvonne do Amaral Pereira e Zilda Gama.

PARA SABER MAIS

- *O Livro dos Espíritos*, Allan Kardec
- *O Livro dos Médiuns*, Allan Kardec
- *O Evangelho Segundo o Espiritismo*, Allan Kardec
- *O Céu e o Inferno*, Allan Kardec
- *A Gênese*, Allan Kardec
- *Iniciação Espírita*, Allan Kardec
- *O que é Espiritismo*, Allan Kardec
- *Kardec, a Biografia*, Marcel Souto Maior

ADELAIDE AUGUSTA CÂMARA

A EDUCADORA E POETIZA COM MÚLTIPLAS HABILIDADES MEDIÚNICAS

Natal, 11 de janeiro de 1874
Rio de Janeiro, 24 de outubro de 1944

A partir de 1850, o Nordeste brasileiro passou por um longo período de decadência econômica. Engenhos faliram, produtos do sertão passaram a concorrer com itens fabricados na região sul do país. As fortes secas de 1877 e seus anos seguintes acentuaram a crise. Naturalmente, houve uma intensa migração para outros estados. Pessoas em sua fase ativa buscavam trabalho nas fazendas de café do Centro-Sul, nos seringais da Amazônia e nas plantações de cacau no sul da Bahia.

Esses movimentos no fim do século XIX causaram uma reviravolta na estrutura social do Nordeste, reduzindo a força dos coronéis e transformando a Igreja Católica. Surgia a figura dos beatos e beatas, pessoas que se dedicavam a realizar obras de caridade e a se preocupar com a educação da população. Não tardaram as revoltas contra o descaso dos políticos da República quanto aos problemas sociais. Uma das principais foi a Guerra de Canudos, na Bahia, que iniciou em 1896.

Nesse mesmo ano, uma doce e inteligente professora saía do Rio Grande do Norte, sua terra natal, com destino à capital federal. Adelaide Augusta Câmara, então com 22 anos, fazia parte de um dos muitos nordestinos que foram criados sob os princípios do protestantismo. A religião floresceu quando o Brasil tornou-se República e diminuiu a intervenção da Igreja Católica nas decisões do Estado. Adelaide chegou ao Rio de Janeiro com a ajuda de seus amigos protestantes, que logo a indicaram para exercer o que fazia de melhor: lecionar para crianças.

UMA PROFESSORA FORA DOS PADRÕES DA ÉPOCA

Desde pequena, Adelaide se encantava com as letras. Na escola, seus professores admiravam a facilidade com que a jovem escrevia suas redações. Seus temas eram discutidos em sala de aula, pelo interesse que despertavam nos demais alunos. Transmitia esse estímulo quando, já como professora, tinha sua própria turma de estudantes. A escolha pelo magistério foi algo natural. Fazia de tudo para tornar as aulas ativas e instigar a participação das crianças. Acreditava que a instrução pedagógica deveria incluir novos métodos para aumentar o interesse da plateia pelas matérias.

Instalada no Rio de Janeiro, Adelaide trabalhava no colégio Ram Williams. A direção da escola dava espaço à jovem e carismática professora para que aplicasse sua forma de lecionar — avançada demais para um período em que predominavam a rigidez e o autoritarismo. Suas técnicas contavam com conversas entre os alunos, explicações por meio de peças teatrais, com diálogos reproduzidos de suas poesias em prosa. A matemática não assustava mais as crianças. Jogos de números e um clima de gincana facilitavam a compreensão, além de divertir a turma.

Por algum tempo, Adelaide seguiu com sua forma de trabalho pouco ortodoxa. Contudo, os membros do corpo docente que não tinham as mesmas habilidades, tampouco dedicação, logo iniciaram uma campanha para afastá-la da escola. A fim de evitar rivalidades, Adelaide resolveu sair. Mas a vontade de ensinar era tão grande que fundou um curso primário em sua própria casa. A repercussão positiva atraiu filhos de figuras ilustres da elite e da política. Muitas dessas crianças se tornaram personagens importantes da História do país nas décadas seguintes.

O INCÔMODO QUE SE TRANSFORMA EM CAMINHO

Seu primeiro contato com o Espiritismo aconteceu em 1898, dois anos depois de se mudar para o Rio de Janeiro. Porém, a busca de Adelaide por respostas já vinha de muito antes. Seguia o protestantismo sem nenhuma confusão sob o ponto de vista religioso. Seu pai, o conceituado médico potiguar Henrique Leopoldo Soares da Câmara, e sua mãe, Maria Balbina Soares da Câmara, passaram os conceitos protestantes desde o berço para Adelaide.

Conforme foi amadurecendo, seus questionamentos e interesses percorriam diferentes publicações. Suas indagações não encontravam explicações em sua religião. Ainda adolescente, procurou obras tidas como religiosas. Os anos passavam e seus primeiros ensaios poéticos refletiam essas angústias e a maneira como ela acreditava em Deus.

Somava a isso reações pessoais que também não sabia justificar. Adelaide frequentemente ficava muda, sem querer conversar com ninguém. Algumas vezes chorava sem encontrar motivo para tal atitude. Já na capital federal, as sensações estranhas tornaram-se cada vez mais frequentes. Elas precisavam ter uma explicação. E realmente tinham. Adelaide teve contato com os ensinamentos espíritas por meio da coluna 'Estudos Filosóficos', assinada por Adolfo Bezerra de Menezes, em O Paiz, jornal diário de grande circulação que havia sido lançado em 1884. Com conteúdo conservador, a publicação foi um dos maiores formadores de opinião na política e na sociedade brasileiras, entre o fim do século XIX e o início do século XX.

A partir das leituras dos textos de Bezerra de Menezes, Adelaide decidiu ler obras de Allan Kardec por desconfiar que suas manifestações podiam ser mediúnicas. Num primeiro momento era difícil para ela começar a se relacionar com uma doutrina tão diferente da sua. Achou que visitar uma "casa espírita" poderia ser um caminho e, com a ajuda de amigos, foi à sede da Federação Espírita Brasileira (FEB). Diziam eles que as respostas que ela procurava estariam ali.

UM MENTOR MUITO ESPECIAL

Na época, quem dirigia a FEB era o próprio Bezerra de Menezes, reconhecido precursor do Espiritismo no país. Inclusive, muitas das obras de Kardec foram traduzidas por ele para o português, a fim de divulgar melhor a doutrina.

Apelidado carinhosamente como "o médico dos pobres", o benfeitor Bezerra de Menezes cuidava da população carente, escrevia livros sobre os princípios de sua religião, dedicava-se a palestras e tantas outras atividades com o objetivo de ensinar aos interessados o que realmente significava o Espiritismo.

Ao conhecer Bezerra de Menezes, Adelaide não poderia estar em melhores mãos. Ele a orientou para que estudasse a doutrina através dos livros de Kardec e frequentasse as reuniões de estudos mediúnicos no Centro Espírita Ismael, com a intenção de disciplinar suas manifestações e torná-las produtivas.

Pronto, naquele momento Adelaide confirmou o que sentia: que Deus esperava mais de sua existência. E ela entendeu seu verdadeiro rumo.

A MEDIUNIDADE AFLORA E CONQUISTA TODO O PAÍS

No Centro Espírita Ismael, Adelaide segue as orientações de Bezerra de Menezes e torna-se uma notável médium psicógrafa. Em pouco tempo, também mostra talento como médium auditiva ao propagar a doutrina dos espíritos através de conferências Brasil afora.

A educadora elucidava temas do Evangelho com palavras simples e cativantes, tinha o dom da oratória. Adelaide e Bezerra de Menezes executavam juntos inúmeras tarefas, dentro e fora da FEB. Ela o acompanhava à periferia do Rio de Janeiro, em regiões menos favorecidas, levando remédios e preces até para os mais rebeldes e descrentes.

Dois anos depois, em 1900, Bezerra de Menezes desencarna na capital federal. Abalada com a triste notícia, Adelaide recebe a seguinte mensagem de seu mestre, ainda no velório: "Milha filha, tudo deve continuar... Estaremos juntos nas tarefas curativas e na divulgação doutrinária. Ponha em prática sempre o que você aprendeu. Procure o nosso amigo Inácio Bittencourt e dê vazão ao trabalho profícuo junto a Jesus."

A médium segue as orientações de seu instrutor e passa a frequentar as sessões do Círculo Espírita Cáritas, sob o acolhimento de Inácio Bittencourt, que já possuía fama como grande conferencista e por suas obras. Na "nova casa" continuou sua mediunidade curativa e psicográfica. Por suas mãos passaram mensagens de grandes espíritos doutrinários.

Além das faculdades de incorporação, audição, vidência, psicografia, cura e intuição, Adelaide também era capaz de se bilocar — estar em diferentes lugares ao mesmo tempo.

Graças a essa manifestação mediúnica, ela se transportava em "desdobramento fluídico", sendo visível seu corpo perispirítico. Há comprovação de que atendeu, por exemplo, enfermos em Juiz de Fora, interior de Minas Gerais, e Corumbá, interior do Mato Grosso do Sul, no mesmo momento, aplicando-lhes passes.

Até 1906, Adelaide ganha prestígio nacional, não apenas dos seguidores e simpatizantes da religião como também da imprensa. Nesse período, com 32 anos, a educadora e médium se casa com o médico Amaro Abílio Soares.

As responsabilidades como esposa e mãe a afastaram da propaganda ativa nos centros espíritas, mas isso não a impediu de dar sua contribuição em paralelo, nas horas vagas, em casa mesmo.

Ela coloca sua vocação literária em sintonia com os guias espirituais. Como resultado, publica sua primeira coletânea, *Do Além*, com 21 fascículos, e o livro *Orvalho do Céu*.

Nessa época, a médium adota o pseudônimo Aura Celeste, e é com ele que passa a ser conhecida de norte a sul do país.

A seguir, conheça alguns trechos de mensagens publicadas em sua obra *Do Além*.

CADA UM É RESPONSÁVEL PELO SEU DESTINO
(*Mensagem recebida de Spinola*)

"Meus amigos e meus irmãos, Deus vos dê a sua paz. Ai do espírito, se não lhe fosse concedida a vida na matéria por múltiplas vindas. Seria exigir da sua fraqueza um esforço de que não poderia dispor. Dá impressão de alguém que pudesse suspender um peso até uma certa altura e lhe fosse imposto suportar outro maior do que aquele até então suportado. Por mais que ele procurasse carregá-lo sobre a musculatura para um esforço supremo, não o conseguiria.
Isso seria exigir demais do espírito. Ele tem a propensão, capacidade, que Deus lhe dá em estado latente; capacidades e aptidões que lhe compete desenvolver, segundo a energia — também desenvolvida pelo seu esforço. Assim é que muitos espíritos criados no mesmo instante, e enviados por Deus para o mundo em que viveis, desenvolvem as suas aptidões em épocas inteiramente diferentes. Enquanto um se eleva rapidamente, outro lentamente vai progredindo — isso para não falar nas quedas, falar unicamente no progresso. Um acelera a marcha evolucional do seu ser, enquanto que o outro vagarosamente vai progredindo. Deus não exige das criaturas um esforço superior às suas forças. É por isso que se diz: a natureza não dá saltos; a natureza vai paulatina, persistentemente fazendo o seu dever, sua obrigação. Assim é o espírito. (...)"

ESCLAREÇAMOS A DOUTRINA
(Mensagem recebida de José Dacio)

"(...) Este Espiritismo, ensinado desde a infância, formará criaturas para o futuro, tornando-as homens capazes de reger o país dentro das normas de uma fraternidade visível. É triste o momento atual, em que se vê tantas cabeças tendo de se curvar perante uma sentença... Perturbações que tornam os espíritos turbulentos, inconscientes... Homens nervosos, mulheres desviadas... A moral calcada aos pés, a virtude ofuscada pelo vício, enfim, o descalabro que se vê na sociedade. (...) Como corrigir tudo isso? Compreendendo o altruísmo de Espiritismo; realizando uma vida além desta; não fazendo consistir nesses dias pequenos, curtos, cheios de dores, toda a esperança do coração nobre! Compreender que a vida presente é tão somente a estrada para o futuro; compreender todas essas verdades que o Espiritismo nos traz! Isto edificará o caráter do povo, o preparará para o dia de amanhã; e nós teremos, então, espíritas convictos, dando testemunho da sua fé, em qualquer situação da vida (...).
Meus amigos, vamos continuar a propaganda espírita dentro dessas casas cristãs que procuram incutir os princípios de igualdade, fora de superstições, fora do fanatismo, dentro da lei moral, edificante, reta, que é o Espiritismo Cristão!"

JESUS É O MÉDICO DAS ALMAS
(Mensagem recebida de João Evangelista)

"Meus amigos, meus prezados irmãos, a ciência na terra — é necessário que lhe faça justiça — procura aliviar o sofrimento humano.

Homens de boa vontade, sábios, em lucubrações dignas de louvor, estudam, meditam, para descobrir os meios capazes de debelar as grandes moléstias, as grandes crises de enfermidades, que tanto afligem a humanidade terrena. É forçoso confessar que a ciência muito tem conquistado nesse particular. Sábios, homens dedicados estudam pacientemente o meio de descobrir os grandes remédios para os grandes males.

Quisesse, também, a ciência humana, na sua capacidade de pensar, procurar um recurso para os grandes males da alma!

A alma, no dizer do Divino Mestre, igualmente tem doenças. E Jesus é o médico das almas. Só Ele conhece a ciência de curar o mal, só Ele dispõe do meio de extirpar aquilo que é pernicioso ao sentimento humano. (...)"

O PRAZER DE UMA VISITA
(Mensagem recebida de Bastos)

"(...) visitar os nossos amigos e irmãos da terra é prazer imenso para nós, os desencarnados. Estar em seu meio, assistir às sessões que tanto entretinham nossos espíritos e tanto prazer nos davam, estudar com eles os ensinamentos espíritas, são alegrias para nós outros. Frequentar os asilos, tocar de perto o coração da infância, sentir a alegria das crianças, visitá-las em suas enfermidades, entrar com elas em seus jogos infantis, assistir o seu desenvolvimento intelectual, acompanhá-las de perto, para nós, que consagramos nossa vida a igual serviço, é motivo de graça, de prazer. Sempre que posso penetrar nos asilos espíritas a minha alma se inunda de verdadeiro júbilo. (...)
Gosto deste meio, gosto deste convívio e, às vossas sessões de sextas-feiras, ordinariamente venho para assistir, senão para me comunicar, porque são tantos a falar que não é sempre possível que eu tenha oportunidade de dizer alguma cousa. Além de que, o que poderíeis aprender com o homem velho, sem instrução, que partiu da terra apenas amando muito a seu Deus e o seu próximo? Que poderia vos ensinar, se ele mesmo não completou a sua educação espiritual? (...)"

UM SÓ CAMINHO A SEGUIR

"(...) Meus amigos, é preciso aprender estas cousas: cada um procure subir e nunca descer! Essa subida se faz não pelo sentimento de orgulho, porque ele nunca eleva, mas pela humildade. É assim que se sobe. São palavras de Jesus: 'Quereis ser grandes, começai por serdes pequenos!' Os cheios de saber, os cheios de glória, cheios de preconceitos sociais, que olham para seus irmãos fracos, pequeninos, de sobre a altura dos ombros, nada valerão no mundo além, porque não encontrarão tronos para subir; bem ao contrário disso, terão de se ver embaixo, para daí, então, poderem subir!

A humildade, meus amigos, é o que eleva a alma. Espiritismo veio para abrir os olhos da humanidade às palavras que o Mestre já pronunciou no passado: 'Sede humildes, sede pequeninos.' (...)

Deus é amor, sabedoria! Quem Dele quiser se aproximar só tem um caminho a seguir: a caridade humilde — Jesus! Deus vos guarde, meus amigos, Deus vos guie."

JARDINEIROS D'ALMA.

"(...) Falando figuradamente, podemos afirmar que, dentro d'alma de cada criatura, há um jardim que lhe cumpre cultivar. Tal seja o jardineiro, qual será a beleza do jardim; porque aquele que cultiva com carinho e amor, sabendo escolher as espécies de plantas para ornamentá-lo; aquele que se dedica com amor e desvelo à cultura de plantinhas, no começo minúsculas e depois belas, verdejantes, sorridentes, tem a recompensa do seu desvelo, do seu devotamento! Aquele, porém, que possui esse jardim somente por ter — como diz o mundo —, porque não pode deixar de possuí-lo, uma vez que ele está dentro de si mesmo, mas que dele não se ocupa, deixando que plantas daninhas, que insetos prejudiciais o destruam, não pode apresentá-lo com a beleza que o outro contém. Será sempre um jardim malcuidado, deficiente em perfume, fraco em beleza, triste na aparência! (...)
Não só uma criatura possui esse jardim. Todos vós, todos nós possuímos! A nossa alma aí está, à espera da plantação dos sentimentos. (...)
Jardineiros, jardineiros, cuidado com os jardins d'alma! Regai-os, dai-lhes viço, frescor e boa semente, para que possais viver, progredir, florescer, para vossa e nossa felicidade! Sim, porque tudo quanto diz respeito à vossa felicidade, igualmente interessa à nossa; somos irmãos, criaturas formadas por Deus à Sua imagem e semelhança. Somos os agricultores dos jardins celestes. Cada um cuide do seu, porque representa ele um exemplar da vinha do Senhor!
Permita Jesus que todos vós possais crescer, frutificar e viver dentro das normas que procurei vos apontar neste instante. Assim sendo, paz a todos vós, meus irmãos!"

DE VOLTA AOS TRABALHOS MEDIÚNICOS

Depois de 14 anos casada e dedicando seu tempo livre à literatura doutrinária do Espiritismo, Adelaide retorna aos trabalhos mediúnicos. Era 1920 e ela estava com 46 anos. Além dos atendimentos em casa e no Círculo Espírita Cáritas, que ainda era dirigido por Inácio Bittencourt, a médium ministrava palestras em cidades e, com sua personalidade meiga e carismática, divulgava os ensinamentos de sua religião. Nesse período, destacou-se por seus passes curativos e receituários, servindo de intermediária do médico homeopata Joaquim Murtinho — personalidade que muito fez pelo país e pelos mais carentes antes de desencarnar. Ele seguiu carreira política no início do século, formou-se em engenharia antes de estudar medicina, especializando-se, já naquela época, em homeopatia. Joaquim Murtinho criou uma parceria única com Adelaide e, graças à excelente mediunidade desenvolvida por ela, o médico conseguia transmitir com detalhes as prescrições que enfermos necessitavam.

Sua agenda era muito disputada, principalmente por instituições espíritas de outras cidades. Detalhe: ela mesma arcava com os custos das viagens doutrinárias. E sempre encontrava uma maneira de conciliar as visitas aos doentes com o tempo que dedicava à escrita. Sim, parte importante de sua obra como poetiza foi produzida nessa fase. Destacam-se as poesias *Vozes d'Alma, Sentimentais, Aspectos da Alma, Palavras Espíritas* (conjunto de contos e de palestras compiladas em obras), *Rumo à Verdade* e *Luz do Alto*. Também escrevia para vários veículos de comunicação, de revistas e jornais a páginas avulsas distribuídas gratuitamente à população. Particularmente, ela adorava esse recurso de panfletos, já que acreditava que atingia uma camada da sociedade que não tinha condições financeiras de comprar publicações.

Uma das belas poesias educativas que Adelaide escreve, assinando como Aura Celeste, reforça a importância da principal figura do Espiritismo, Jesus. Essa poesia faz parte do livro Antologia dos Imortais, psicografado por Chico Xavier.

ENTENDE A JESUS
(Aura Celeste)

Escuta a voz do amor por onde fores,
Guarda contigo as láureas da ventura,

E esparze por mil gestos redentores
A luz da paz à senda mais obscura,

Contempla a Vida em bênçãos multicores
No roteiro da anônima criatura,
A flor, o orvalho, a brisa e os resplendores
Do céu azul na fonte d'água pura...

Descobre em tudo as dádivas celestes
Sustendo docemente os passos, prestes
A cair nos abismos da jornada.

Fala, sorri, estuda, canta e ora,
Mas entende a Jesus que espera e chora
No triste olhar da infância abandonada!

E entre as inúmeras mensagens que preparava para seu público, vale destacar o poema abaixo, retirado do site www.fraseespirita.com.

APELO FRATERNAL
(Aura Celeste)

Meu amigo, não guardes em vão a fé que o Céu te conferiu.

És o discípulo do Mestre, no círculo das lições, embaixador de seu Evangelho nos caminhos da vida.

Não te espante, pois, o quadro doloroso do mundo, onde foste chamado a servi-lo.

Ora e vigia, espera e ama sempre, para que sejas em nome d'Ele:

Luz que dissipe as trevas,

amor que anule o ódio,

paz que aniquile a guerra,

fé que extermine a descrença,

sabedoria que esclareça,

esperança que reanime,

compreensão que auxilie,

fraternidade que abençoe,

inspiração que conduza ao bem,

estímulo à santificação!...

Em face dos sagrados deveres que nos competem, voltemo-nos para o santuário da consciência ouvindo as advertências do Senhor, nas oportunidades de cada dia.

E iluminemos a estrada, ainda que a sombra persista,

amemos sem retribuição, como Jesus nos amou,

apazigüemos as tempestades da dor,

confiemos sempre, embora pareça inútil,

esclareçamos sem exigências,

esperemos o futuro com alegria, ainda que todos desesperem,

compreendamos sem reclamar compreensão para nós,

irmanemo-nos uns aos outros com sinceridade,

inspiremos aos que nos observam,

oferecendo-lhes a mensagem do bem,

estimulemos a alegria de viver ainda que todos se entreguem ao desalento...

Lembra-te que és o sal da Terra!

Recorda-te de que és a carta de Cristo no envelope da carne, em cujos caracteres a Humanidade deve

aprender o caminho do entendimento com a vida eterna para o Mundo Melhor de Amanhã.

OS ESFORÇOS VOLTADOS PARA AS CRIANÇAS ÓRFÃS

Assim que seu retorno à ativa se consolidou, não tardou para que a natureza maternal e educadora de Adelaide falasse mais alto. Naturalmente, ela começou a prestar assistência às crianças órfãs. Recolhia as que encontrava circulando pelas ruas da capital federal, dava comida e conseguia vaga em escolas. Chegou a alojar um grupo de crianças em um galpão velho emprestado temporariamente. Seus companheiros do Círculo Espírita Cáritas a ajudaram com doações de móveis e material escolar a fim de que o abrigo se tornasse um espaço digno para os pequenos.

Junto com as boas ações também surgiram os problemas, e entra em cena, por um breve momento, o dr. João Carvalho Junior, que angariou recursos para transferir o asilo a um novo endereço. Nesse processo, João Carvalho desencarna, mas Adelaide segue com o plano. Em 1923, Francisco Lopes e sua esposa Ana Olivia de Medeiros Lopes doam uma casa em Copacabana a Adelaide, para que sirva de sede do espaço que tanto desejava, com os firmes propósitos de asilar, proteger e amparar não apenas as crianças, como também as "senhoras de idade desvalidas", como dizia.

O Asylo Espírita João Evangelista é fundado ali e, em 1927, passa a ocupar um casarão em Botafogo. Adelaide realizava tanto trabalhos espirituais como de formação educacional com os grupos infantis. Seu marido a apoiava incondicionalmente em sua dedicação aos mais necessitados, o que a ajudava a conciliar a vida de esposa e mãe com a assistência. Tratava as crianças como se fossem seus filhos, o que promovia a sensação de estarem vivendo em uma imensa família.

O ADEUS DE UMA ESPÍRITA QUE CONTINUA A FALAR NA TERRA

Adelaide assume a presidência da instituição em 1928 e permanece desempenhando as funções de diretora e presidente até desencarnar, em 1944. Adelaide sempre exerceu uma enorme influência sobre os jovens. Pregava os princípios do Espiritismo com lealdade e perseverança. Suas palavras verbalizadas e escritas tocavam os corações e transmitiam consolo e acolhimento.

Ao desencarnar, com 70 anos, Adelaide Câmara deixa uma vida terrena que serve de exemplo para aqueles que desejam trilhar um caminho de amor, de fé e de humildade. Foi uma grande educadora, uma médium sem vaidades, honesta e sincera. Considerou suas habilidades como um sacerdócio e suas obras refletem a alma generosa que passou por aqui também com o pseudônimo Aura Celeste.

Em meio a tantas homenagens em jornais e periódicos espíritas, destaca-se o adeus do jornalista Leal de Souza: "Parte para o "Mundo Maior" aquela que foi considerada a grande Musa moderna, a Musa espiritual, poetisa de valor, que deixa a sua vida terrena repleta de exemplos, como esposa, mãe e defensora da estrada reta de luz, sob a providência do Cristo."

PARA SABER MAIS

- *Grandes Espíritas do Brasil*, Zêus Wantuil
- *Do Além*, Aura Celeste
- *Orvalho do Céu*, Aura Celeste
- *Vozes d'Alma*, Aura Celeste
- *Aspectos da Alma*, Aura Celeste
- *Palavras Espíritas*, Aura Celeste
- *Rumo à Verdade*, Aura Celeste
- *Luz do Alto*, Aura Celeste

ANTÔNIO GONÇALVES DA SILVA (BATUÍRA)

De espírito humanitário e idealista, um médium de cura e pai de flagelados

Vila Real (Portugal), 26 de dezembro de 1838
São Paulo, 22 de janeiro de 1909

Os poucos jornais que circulavam nas principais cidades brasileiras no começo do século XIX eram comercializados por assinatura. Escravos e crianças de famílias humildes saiam das tipografias com os exemplares a serem entregues nas residências. Os primeiros eram obrigados a exercer a função; os segundos conseguiam aumentar a renda familiar com os poucos trocados e gorjetas que arrecadavam diariamente, de casa em casa.

Com o gradual aumento de noticiários impressos, esses garotos tornaram-se também vendedores ambulantes. A cena era comum e reproduzida também em filmes estrangeiros que se passam nesse período: meninos no início da manhã ou no fim da tarde com passos apressados e bolsa recheada de jornais no ombro, gritando as manchetes e oferecendo um exemplar.

Em meados de 1860, no centro da capital paulista, um rapaz franzino, ligeiro e que esbanjava simpatia corria para fazer as entregas de jornais, entre eles *A Província de São Paulo* (que se tornaria o atual *O Estado de São Paulo*). Alguém letrado, que observava a movimentação constante dele o apelidou de Batuíra — nome dado às aves ágeis de pequeno porte e de pernas finas. Esse codinome se eternizaria por décadas, graças ao homem que se tornou Antônio Gonçalves da Silva Batuíra. O apelido foi incorporado ao seu nome oficial desde sua juventude.

UM GAROTO PORTUGUÊS SOBREVIVE SOZINHO NA EX-COLÔNIA

Biografias e documentos de instituições brasileiras e portuguesas apresentam dois registros distintos sobre o dia em que Batuíra nasceu. Inclusive algumas fontes questionam o local. No início deste capítulo optamos por dar a primeira data, de 26 de dezembro de 1838, com registro em Vila Real, a cerca de 100 km de Porto, no norte de Portugal. Ela consta no livro *Batuíra, o Diabo e a Igreja*, de Eduardo Carvalho Monteiro. Contudo, do mesmo autor, a biografia *Batuíra, Verdade e Luz* indica 19 de março de 1839 como o dia em que o pequeno português nasceu, na província de Águas Claras, a menos de 10 km de Porto.

De qualquer maneira, essa diferença de quase três meses entre as datas não é relevante para a nobre história de vida desse homem que chegou ao Brasil com 11 anos de idade, em 1850. Primeiramente instalou-se no Rio de

Janeiro, então capital federal. Filho de pais pobres, estudou apenas os anos primários e logo se dedicou ao trabalho remunerado para se sustentar. Ao que tudo indica, chegou sozinho na ex-colônia. Por três anos foi empregado em estabelecimentos comerciais. Depois partiu para Campinas, no interior de São Paulo, e trabalhou nas plantações da região.

Batuíra chega definitivamente em São Paulo por volta de 1856 e, como entregador de jornais, passa a fazer parte da crescente cidade, que pulsava e acompanhava o amadurecimento da indústria tipográfica. O jovem, que fazia a ponte entre a notícia impressa e as pessoas que se alimentavam dela, também aproveitou essa fase para estreitar relações com pessoas da sua idade frequentadoras de ambientes acadêmicos. No trecho adiante, retirado de *Batuíra, Verdade e Luz*, Eduardo Carvalho Monteiro descreve Batuíra nessa fase e como ela influenciaria na maneira de conduzir seus ideais e postura diante da vida.

> "(...) Humilde, esforçado, trabalhador, Batuíra era um jovem enturmado com outros jovens aquinhoados pela ventura de poder cursar a vida acadêmica, mas nem por isso se fazia menos digno. Trazendo consigo o espírito cristão, que foi seu apanágio por toda a vida, o jovem respirava o ar de sua época e inflamava-se com as idéias de igualdade entre as raças e da luta pela abolição da escravatura. Amar seus irmãos em humanidade, como viria a prodigalizar tanto, anos depois de converter-se ao Espiritismo, significava ignorar os detalhes de raça, cor, nível social, religião e credo político. Foi com naturalidade, portanto, que se engajou no movimento abolicionista de maneira ativa. (...)"

O OLHAR VISIONÁRIO PARA AS QUESTÕES SÓCIO-CULTURAIS E OS NEGÓCIOS

Batuíra sempre soube administrar bem seus recursos financeiros. Com o tempo, aventurou-se na fabricação artesanal de charutos. Fez dinheiro e aproveitou o momento para diversificar os negócios e expandir seu patrimônio.

Comprou terrenos no Cambuci, na rua do Lavapés, onde construiu sua casa e outras mais simples para alugar aos mais necessitados. Apostou na valorização da região e acertou em cheio. No futuro, o acesso asfaltado aos imóveis para locação recebeu o nome de rua Espírita — até hoje é chamada assim.

Essas casinhas modestas, durante o movimento abolicionista, serviram de esconderijo para muitos escravos que fugiam de seus donos. Batuíra militou ativamente junto a um grupo liderado pelo abolicionista Luís Gama, que escondia os foragidos nos lotes de Batuíra, até que os donos desistissem de procurá-los. Aí, então, o grupo oferecia quantia irrisória pelas cartas de alforria dos "desaparecidos" e conseguiam dar a liberdade aos escravos.

Entre os estudantes com os quais Batuíra se relacionava estavam os da Faculdade de Direito, no Largo São Francisco. A poucos metros das instalações acadêmicas, o jovem português, de coração brasileiro, fundou um teatro — que ele mesmo chamava carinhosamente de teatrinho. Ficava na rua da Cruz Preta, atual rua Quintino Bocaiúva. Na segunda metade do século XIX, as artes cênicas na capital paulista ainda eram escassas. Havia pouco espaço para as encenações. As opções podiam ser resumidas em Casa da Ópera, a mais importante à época, e dois palcos menores, o do Palácio e o Batuíra. Sim, o teatro era conhecido pelo nome de seu dono, que também subia ao palco e encenava peças de grandes clássicos.

O ESPIRITISMO SE DESCORTINA APÓS UMA SÉRIE DE TRAGÉDIAS

Batuíra era um adulto de bem, seguia o caminho do bem, praticava o bem, a caridade, mesmo que desconhecendo os fundamentos espíritas. E como ele se tornou um dos pioneiros do Espiritismo principalmente na região sudeste do país? Depois de uma sequência de perdas afetivas. Mas antes delas, vale conhecer uma passagem resgatada por Eduardo Carvalho Monteiro sobre a dedicação de Batuíra a ajudar as pessoas contaminadas por um surto de varíola (virose infecciosa aguda) que assolou São Paulo em 1873.

> "(...) É altamente contagiosa, mas nem por isso afastou Batuíra de engajar-se entre os voluntários que tratavam os atingidos. Demonstrando grande desprendimento, Batuíra não se descuidou um minuto sequer do atendimento às

> vítimas, abrigando-as em sua própria casa e servindo-
> -lhes de médico, enfermeiro e amigo. Sua atitude fraterna
> rendeu-lhe muitos elogios e sua figura ficou mais
> conhecida por toda a cidade.
> Nada estava sendo forçado em Batuíra. Não o fizera para
> ficar famoso ou receber benesses de seus protegidos.
> Os valores inatos do Espírito já reencarnam com ele e,
> seja qual for à situação que a vida lhe imponha, estes lhe
> afloram naturalmente, sejam bons ou ruins, porque a
> natureza não dá saltos e não transforma da noite para o dia
> o caráter das pessoas.
> Era, portanto, o Batuíra. Não a ave esperta do charco do
> Lavapés, mas o Espírito primoroso que reencarnou com a
> sublime missão de se tornar um paradigma na introdução
> da Terceira Revelação em terras do Brasil. (...)"

Nessa época, Batuíra era casado com Brandina Maria de Jesus. Tinha um filho, batizado de Joaquim Gonçalves Batuíra (que desencarnou já adulto, em 1895). Isso mesmo, seu apelido transformou-se em sobrenome da família. Batuíra ficou viúvo e, pouco tempo depois, casou-se com Maria das Dores Coutinho e Silva. No segundo matrimônio, teve um filho que recebeu o mesmo nome do primeiro. Um incidente doméstico comum tirou a vida também desse descendente, que estava com 12 anos, em 1883. A imensa dor de Batuíra fez com que ele se recolhesse durante o velório de seu filho. Aquele momento está delicadamente narrado no livro biográfico *Batuíra, Verdade e Luz*, conforme segue.

> "(...) Dois quartos de hora talvez tenham-se passado até
> que se ouve o ranger da fechadura do quarto onde Batuíra
> houvera-se refugiado. Ao sair de seu retiro, atrai para si a
> atenção de todos. Sua fisionomia modificara-se.
> Não havia mais em seu rosto o ar lamentoso do pai
> sofrido e magoado pela dor. É verdade que a tristeza ainda
> sulcava-lhe o sobrecenho e os lábios refletiam o momento
> grave por que passava. A paz, entretanto, instalara-se no
> rosto daquele ser arqueado pelo impacto da separação.

O que houvera acontecido para que se operasse tamanha modificação em Batuíra? Naqueles instantes, atraindo a atenção de todos no seu repentino reaparecer, uma luz, vinda não se sabe de onde, parece que passou a iluminar a sala. Aquela oração lamentosa, o choro furtivo, o sussurrar dos presentes, tudo calou-se num átimo de segundo e o suspense tomou conta do recinto. Como se tivessem combinado previamente, voltaram sua atenção para Batuíra e o silêncio sepulcral só foi interrompido pelo próprio Batuíra: 'Não quero que ninguém mais chore aqui. Meu filho não morreu. Meu querido filho vive.
Por isso, não chorem mais! Eu só quero alegria a partir deste instante!'
Em seguida, para surpresa geral, Batuíra saiu e voltou algum tempo depois com uma banda. Da surpresa, os presentes passaram à estupefação, quando a banda, ao invés de tocar músicas fúnebres, passou a tocar dobrados, marchas festivas, valsas, polcas e outras composições alegres.
Era como que a exigir, naquele instante, todos acreditassem, como ele, na sobrevivência de seu filho Joaquim. Como duvidar, diante de tamanha fé demonstrada justamente por aquele mais atingido pela fatalidade da perda de um filho?
Para alguns, um gracejo. Para outros, uma heresia. À maioria, parecia um pai enlouquecido pela dor. Para os mais lúcidos, porém, em minoria, é verdade, um Batuíra autêntico. Um Batuíra que tivera a vida transformada em questão de dois quartos de hora, e algo de muito sério houvera se passado com ela no interior daquele quarto. Ele, até então, não era afeito aos convencionalismos religiosos, mas com certeza, posteriormente, ao estudar os evangelhos, pôde saborear a riqueza das palavras de Jesus: quando tiverdes a necessidade de vos dirigir ao pai, fechai-vos em vosso quarto e orai então 'Pedi e obtereis';
'Batei e abrir-se-vos-á...'
Que teria acontecido naquele aposento para que a solidão de um pai desesperado se transformasse em sua Estrada

de Damasco libertadora? Muito tempo depois, Batuíra relataria, apenas aos mais íntimos, os momentos gloriosos que viveu entre aquelas quatro paredes. 'Premido por uma dor insuportável', dizia Batuíra, entrei disposto a qualquer coisa naquele quarto, porque Deus tinha que dar uma resposta à minha dor e não sairia de lá enquanto Ele não me respondesse. Foi então que vi uma luz se formando, que não era aquela do candeeiro e nem a luz do crepúsculo que ainda penetrava pela janela... a luz foi se tornando diáfana, vaporosa e um vulto surge-me suavemente à frente... meus olhos encheram-se, então, de lágrimas, a emoção atingiu o mais alto grau que um humano poderia suportar e eu reconheci naquela sombra o Quinho, filho querido: Pai, não fique triste — disse-me ele. — Eu não morri. Estou mais vivo do que nunca. — Seus lábios sorriam... seu semblante estava calmo e transmitia muita paz. Em seguida, suas mãozinhas acenaram para mim, da mesma maneira como o fazia quando se despedia em vida, e sua imagem foi suavemente se apagando na tinta gasta da parede. Não sei quanto tempo duraram aqueles instantes e quanto ali fiquei, até derramara a última lágrima pela sua passagem para uma outra vida. Meu filho não morreu. Nós não morremos. Esta vida é apenas uma etapa da Vida Verdadeira. Em algum lugar, eu e o Quinho nos reencontraremos... (...)'"

Como exemplo de seu desprendimento e dedicação aos mais desvalidos, em 1888 Batuíra adota uma criança paralítica e com demência, com poucos meses de vida. Chamava-o de Zeca. Ninguém sabia sobre suas origens, era apenas Zeca. Tornou-se adulto, mas desde cedo Batuíra reservava minutos do dia com seu filho adotivo que se transformavam em momentos mágicos. Zeca circulava pelo quintal da casa de Batuíra em uma cadeira de madeira com rodinhas nos pés. Tudo era improvisado, mas feito com um amor genuíno. Batuíra desencarnou antes de Zeca — que o esperou na manhã seguinte ao desencarne e entendeu que a ausência do "pai" seria para sempre nesta vida terrena. Zeca desencarnou aos 33 anos.

O FIEL SEGUIDOR E PREGADOR DO ESPIRITISMO

A partir desse episódio, Batuíra mergulhou nos livros da doutrina que lhe confortara. Sabia e sentia que seu papel, desde o aparecimento do Espírito de seu filho, seria viver de modo exemplar os ensinamentos cristãos. Seus dias eram preenchidos por atividades caridosas, de consolo aos aflitos e de atendimento aos doentes, por meio da aplicação da homeopatia. E, sempre que possível, divulgava os princípios espíritas.

Batuíra não negava nenhuma atenção aos que o procuravam. Sua casa virou uma mistura de hospital, farmácia, centro espírita, orfanato e até manicômio. Doava tempo, amor, conhecimento, comida, teto... Aos poucos foi-se desfazendo de seus bens para conseguir atender a todos que o procuravam. Como não podia ser diferente, desencarnou sem fortuna material, apenas com a paz e a alegria de ter praticado o bem.

Batuíra, crédulo de suas convicções espirituais não tardou em fundar um centro. Conhecida como Grupo Espírita Verdade e Luz, a casa passou a funcionar em 1890. Ele descobriu-se médium curador. Por meio de passes magnéticos e doses de água fluidificada curou física e espiritualmente centenas de pessoas. Nesse mesmo ano adquiriu uma tipografia e lançou o jornal *Verdade e Luz*, que divulgava o Espiritismo e seus princípios. Sobre o jornal, é importante dizer que o próprio Batuíra se encarregava de organizar o conteúdo impresso, posicionando letra a letra. Dirigiu seu periódico quinzenal até sua desencarnação, em 1909.

A força com que a publicação espírita penetrava na sociedade estava refletida na tiragem de 15 mil exemplares por edição, numa época em que os maiores jornais diários da cidade imprimiam 3 mil por edição. De sua tipografia também saíam panfletos e prospectos que eram distribuídos gratuitamente a fim de difundir a doutrina.

O sucesso desse veículo de comunicação espírita incomodou a Igreja Católica. Apesar de Batuíra ser cuidadoso na preparação dos materiais, ele sempre destinava parte da edição para rebater acusações, reforçar os conceitos evangélico-espíritas, muitas vezes relatando curas físicas e espirituais que aconteciam no centro que havia fundado e funcionava no Cambuci. Esse embate encabeçado por parte da Igreja Católica, pelas Damas da Caridade da Diocese de São Paulo, durou cerca de oito anos. Porém, isso não diminuía a intenção e a dedicação de Batuíra.

Outra de suas obras assistencialistas foi a Instituição Cristã Beneficente Verdade e Luz, criada no fim de 1904. Nasceu com o intuito de acolher órfãos, viúvas, obsidiados (tidos pela sociedade como loucos). No estatuto que regia a organização estava incluído um artigo que descrevia como vegetariana a alimentação dos acolhidos. Batuíra acreditava que o hábito que havia adquirido — de se alimentar apenas de hortaliças, legumes e frutas que plantava em seu quintal — seria muito saudável como parte do tratamento dos que viveriam na instituição. Portanto, incorporou-o às regras da casa. A área ficou conhecida como Chácara dos Obsidiados de Batuíra. Deixou de funcionar em 1917 por dificuldades financeiras, já que era totalmente gratuita. A seguir, uma parte da descrição do local, retirada do livro de Eduardo Carvalho Monteiro.

"Além de tratar do corpo físico das pessoas, principalmente as mais carentes, através da água fluída, do passe e do receituário homeopático, Batuíra esmerava-se na parte espiritual, o que incluía os portadores de deficiências mentais que, na época, por falta de classificação médica das patologias, eram tratados como 'loucos', 'mentecaptos', 'idiotas' e outros termos tidos hoje como pejorativos e substituídos por classificações técnicas como esquizofrênicos, neuróticos, maníacos-depressivos etc. Batuíra, porém, tanto quanto os espíritas, já distinguia destes doentes os obsidiados, isto é, aqueles submetidos a uma influência espiritual negativa que lhes modificava e/ou interferia em suas reações sociais e psicológicas do dia-a-dia.
Assim, era sonho de Batuíra tratar desses pacientes em local aprazível, em meio à natureza, aplicando-se-lhes as terapêuticas espíritas. Para concretizar sua intenção, Batuíra adquiriu propriedade rural em Santo Amaro, comarca então separada de São Paulo, no começo do século.
O acesso a Santo Amaro era possível, desde 1887, por linha férrea a vapor construída pelo engenheiro Alberto Kuhlmann, que contava com quase vinte quilômetros de extensão desde o centro da Capital.
Pelo que traz de conteúdo o artigo publicado em *Verdade e Luz* de dezembro de 1905, foi no início daquele ano que

> começou a funcionar a Chácara dos Obsidiados do Batuíra
> no bairro do Jequirituba, com benfeitorias, animais e
> instrumentos rurais. (...)"

Batuíra ainda contribuiu de diversas maneiras com a criação de casas espíritas, principalmente em São Paulo e no Rio de Janeiro. Junto com outros seguidores da doutrina fundou a União Espírita do Estado de São Paulo, em 1908. A instituição, a partir da data, passou a orientar e monitorar o trabalho de todos os centros e grupos espíritas existentes no Estado.

AS MENSAGENS DEPOIS DA DESENCARNAÇÃO

Na obra que reúne as histórias de vida de importantes espíritas do Brasil, assinada por Zêus Wantuil, é apresentada de forma bem significativa o último período de vida terrena de Batuíra, antes de desencarnar.

> "(...) Carregando sobre os ombros muitas
> responsabilidades, não sentiu, tão preso se achava ao
> cumprimento dos seus deveres, que suas forças vitais se
> esgotavam rapidamente. Súbita enfermidade assalta-lhe o
> corpo e, desse modo, em poucos dias, transpõe as aduanas
> do além. Aos 22 de janeiro, de 1909, sexta-feira, cerca de
> uma hora da madrugada, faleceu Sr. Antônio Gonçalves
> da Silva Batuíra."

Batuíra não escreveu nenhuma obra, mas, ironicamente comandou uma publicação espírita por anos. Muitos médiuns psicografaram mensagens pontuais desse homem barbudo, de andar firme e sempre apressado. Abaixo segue a descrição resumida de um dos pioneiros do Espiritismo que fez muito além de suas atividades mediúnicas. A autoria é de Eduardo Carvalho Monteiro. Na sequência são apresentadas algumas mensagens psicografadas por Chico Xavier, do livro *Mais Luz*, que reúne a comunicação entre o médium mineiro e o Espírito Batuíra.

CENAS DE UMA VIDA EDIFICANTE

"Sua figura era inconfundível. Andar lépido, em que parecia estar sempre atrasado, estatura mediana, entroncado, desleixado ao vestir-se. Testa larga, rosto sisudo, escondido atrás de longas barbas brancas que eram sua marca registrada. Semelhanças? Só com o Imperador, alguém lembrou. Apenas que outro era seu reino. Era o 'cortiço' do 'seo' Batuíra. Ali não havia brigas, não havia demandas policiais, ordens de despejo. Se o inquilino não pudesse pagar, nem por isso seria despejado. Se mudava, pedia dinheiro ao seu senhorio para a mudança. E ele dava. Esse era Batuíra. Pioneiro do Espiritismo em São Paulo, semianalfabeto respeitado em rodas intelectuais, editava um jornal cujas idéias rivalizam-se com os grandes periódicos. Cotidianamente debruçava-se nos cavaletes de sua 'pequena grande' tipografia, com dedos ágeis catava as letras no fundo dos caixotins, enquanto sua barba alva enegrecia as pontas ao contato com as caixas de tipos. E assim circulava o *Verdade e Luz*.
Altaneiro. Atrevido. Orgulhoso da sua condição de espírita. Altivo na hora de confrontar sua verdade com os rivais católicos e protestantes. Assim ele era. Assim era sua cara. A cara de Batuíra. (...)"

MEDIUNIDADE E NÓS

(Espírito Batuíra / Chico Xavier, em *Mais Luz*)
"Mediunidade é plantação constante de bênçãos. Não nos incomode a vestimenta das idéias que, às vezes, o alfaiate do verbo, naturalmente, despende tempo e esforço a compor no máximo de segurança. Importa a essência que jamais se altera, porque decorre espontânea das nossas necessidades de entendimento e reconforto, estudo e estímulo na sustentação das nossas responsabilidades de família espiritual, em determinado setor de ação. Estejamos juntos, alegres e confiantes, calmos e seguros de nós mesmos, por mais difíceis que se manifestem às tempestades em torno."

DIANTE DE OFENSAS
(Espírito Batuíra / Chico Xavier, em Mais Luz*)*

"Não nos é lícito parar a máquina do pensamento para sopesar injúrias e desencantos.
Se adversários desejam esmagar-nos através de sarcasmos que, em nos espancando o rosto e o coração, nos façam cair sob agonias morais insustentáveis, oremos por eles, pedindo a Jesus que os abençoe e livre do mal, afim de que produzam o bem para que o bem permaneça."

SUPRIMENTO
(Espírito Batuíra / Chico Xavier, em Mais Luz*)*

"O Suprimento das Forças Divinas verte em nosso favor, à medida que descerremos mais vastas possibilidades em nossos canais de trabalho e cooperação na vitória do Bem. Trabalhemos na expansão da luz e estejamos na certeza de que o Senhor nos abençoará e sustentará hoje e sempre."

NOS MOMENTOS DE CRISE
(Espírito Batuíra / Chico Xavier, em Mais Luz*)*

"Às vezes é preciso que a luta se faça constrangedora e terrível para que os amores que possuímos se mostrem na expressão mais ampla de sua própria grandeza, assim como é preciso que anoiteça para que vejamos do mundo as estrelas que acendem a vida eterna na imensidade... Nas horas de aflição pensemos nisso, meditemos simplesmente nisso e levantemos as próprias energias, que o Senhor elastecerá e abençoará."

PARA SABER MAIS

- *Batuíra, Verdade e Luz*, Eduardo Carvalho Monteiro
- *Batuíra, o Diabo e a Igreja*, Eduardo Carvalho Monteiro
- *Mais Luz*, Chico Xavier / Espírito Batuíra
- *Spartaco: História de um Médium*, Geraldo Ribeiro da Silva
- *Grandes Espíritas do Brasil*, Zêus Wantuil

EURÍPEDES BARSANULFO

UMA VIDA TERRENA CURTA, MARCADA POR ATITUDES INÉDITAS EM PROL DO ESPIRITISMO

Sacramento, 1 de maio de 1880
Rio de Janeiro, 1 de novembro de 1918

As cidades históricas de Minas Gerais são como um emblemático cartão postal da intensa influência que a Igreja Católica teve (e ainda tem) no estado. Também na região do Triângulo Mineiro, os católicos sempre foram e seguem como maioria. É ali, próximo a Araxá, que se encontra o município de Sacramento. A pequena cidade, hoje com cerca de 25 mil habitantes, vive do turismo histórico, religioso e ecológico — está próximo ao Parque Nacional da Serra da Canastra.

E sobre religião, no próprio site da prefeitura, são citados três nomes de figuras importantes vinculadas à espiritualidade brasileira. Dois deles são padres, ambos faleceram com quase 90 anos, e o terceiro é Eurípedes Barsanulfo. De berço humilde, mas com inteligência e bondade comprovadas, este homem viveu apenas 38 anos e tornou-se uma referência da doutrina espírita não apenas na região como em todo o país. Seu legado, construído em 15 anos de dedicação ao próximo e à educação da população carente, já indica a influência e o carinho que esse professor e médium conquistou durante o pouco tempo em que ficou no plano terreno.

A INTENÇÃO DE AJUDAR E INSTRUIR AS PESSOAS

Eurípedes era o terceiro filho de uma família de 15 irmãos, sendo sete homens e oito mulheres. A condição de vida na casa numerosa beirava a pobreza. Nada de brinquedos e roupas novas. Já com cinco ou seis anos, ajudava seu pai, o sr. Mogico, no trabalho.

Na escola, sua facilidade de aprendizado o destacava dos demais. O aluno brilhante e dedicado sentia necessidade de saber mais. Queria continuar os estudos na cidade grande — considerava como alternativas São Paulo ou Rio de Janeiro. Contudo, sua mãe, dona Meca, que sofria de constantes crises nervosas e com quem tinha uma forte relação, se mostrava muito abalada com a possibilidade da partida do filho. Isso fez com que Eurípedes seguisse seu caminho como autodidata, em Sacramento mesmo.

Tornou-se instrutor de turmas da escola e, posteriormente, ministrava aulas. Seu conhecimento extrapolava o currículo tradicional de um curso superior — e nunca fez uma faculdade. Entendia de ciências naturais e físicas, literatura, astronomia, matemática, filosofia e disciplinas específicas dos cursos de medicina e de direito. Lia muitos livros em francês, idioma que dominava, além do português.

Pouco antes de completar 18 anos, teve acesso a livros sobre homeopatia — ciência que estudou e o acompanhou durante os momentos de assistência aos doentes que o procuravam. Nessa fase, criou em casa uma pequena farmácia homeopática para atender os necessitados.

Ainda jovem, colaborou com a fundação do Grêmio Dramático Sacramentano, onde também interpretou como ator diversas peças clássicas, incluindo Shakespeare. Ensinar sobre arte às pessoas carentes era uma de suas intenções.

Aos 21 anos, Eurípedes estava envolvido com a criação do jornal *Gazeta de Sacramento*. O jovem idealista acreditava que, por meio do jornalismo, poderia levar cultura e informação aos moradores da cidade e interessados em aprender. No início de 1902, ele acumulou mais uma tarefa — fundou com alguns professores o Liceu Sacramentano, onde dava aulas até de geografia e francês.

Naturalmente sua popularidade se espalhou pela cidade. Como consequência, Eurípedes assumiu o cargo de vereador em 1903, então com 23 anos. Nesse período, ele distribuía as horas de seu dia entre as tarefas como professor, jornalista e político. Nunca faltava a um compromisso e sempre respeitava os horários programados. Apesar da concorrida agenda, ele também acumulou a função de secretário da Conferência São Vicente de Paulo — instituição católica de caridade destinada a aliviar o sofrimento do próximo.

UM TIO, UM LIVRO, UM NOVO CAMINHO

Seus pais, assim como todos os moradores de cidade, eram católicos. Desde pequeno, Eurípedes seguia com devoção os rituais do catolicismo. Depois da adolescência, quando era questionado sobre casamento, respondia de imediato que já estava comprometido com a pobreza. Sua alma sentia necessidade de fazer o bem sempre, levando ajuda, conhecimento, amor e atenção.

A 14 quilômetros de Sacramento ficava a cidade de Santa Maria. Ali viviam alguns parentes de Eurípedes. Entre eles, o tio Mariano Ferreira da Cunha, chamado carinhosamente de Sinhô Mariano, que havia se tornado um seguidor da doutrina espírita e organizava reuniões periódicas em um centro.

No mesmo ano em que entrou para a vida política, 1903, Eurípedes teve a companhia de seu tio em casa, por uns dias. Em suas conversas sobre Espiritismo, Sinhô Mariano percebeu que não dominava os argumentos de maneira contundente a fim de mostrar a verdadeira essência da doutrina ao sobrinho. Ele sempre perdia para as colocações filosófico-religiosas do jovem culto e letrado.

Porém, foi aí que Sinhô Mariano lançou mão de um recurso que, acreditava, seria definitivo a seu favor. Deu o livro *Depois da Morte*, de Léon Denis a Eurípedes, que mergulhou em suas páginas em poucas horas. Ao terminar a leitura, percebeu-se abalado com o conteúdo. Achou a obra incrível e sentiu que precisava ir além sobre o Espiritismo. Releu a publicação e só reforçou seus sentimentos e sua necessidade de avançar no estudo da doutrina. Nesse universo poderia encontrar respostas a incômodos que o acompanhavam por anos, a exemplo da doença da mãe.

Abria-se um novo caminho para Eurípedes. Já havia completado 24 anos quando decidiu participar de uma reunião espírita no centro dirigido por seu tio. No encontro presenciou pessoas analfabetas fazendo discursos com alto grau de elaboração e de conceitos filosóficos. Saiu de lá decidido a se converter ao Espiritismo. Seus fundamentos possibilitariam uma nova maneira de praticar a caridade.

O ESPÍRITA VERSUS O PADRE

Toda a energia e o conhecimento de Eurípedes passaram a ser canalizados para a prática do bem à coletividade, sob os preceitos do Espiritismo. Uma de suas primeiras atitudes foi se desligar da Conferência da qual atuava como secretário. Dirigiu-se à Igreja Matriz para devolver os documentos que se encontravam sob sua responsabilidade. Adiante, o trecho que detalha o diálogo entre o padre da paróquia e Eurípedes, que faz parte da biografia *Eurípedes Barsanulfo — o Apóstolo da Caridade*.

> "(...) Devolveu-lhe a papelada e, com bondade — como era de seu costume, disse que não mais poderia continuar na instituição, pois havia abraçado a Verdade dentro do Espiritismo.
> O padre levou um choque.
> — Você está louco, Barsanulfo? Deixar a doutrina de Deus pela do diabo! O que houve? Um homem de cultura meter-se com Satanás! Está endemoninhado?
> Eurípedes Barsanulfo não respondia. E ouviu todas as

palavras ofensivas com profunda humildade. À despedida, porém, disse:
— Deixo o Catolicismo, é verdade, padre Maia, mas o senhor pode ter certeza de que continua a ter em mim o mesmo amigo.
E saiu da igreja. (...)"

Converteu seus pais à doutrina espírita. Sua mãe, após ser curada por Eurípedes, aceitou a mudança de religião. Seu pai foi um pouco mais reticente, contudo, depois de ser convencido pelo filho, incluiu a venda de todos os livros de Allan Kardec em sua loja.

O jovem Eurípedes descobriu-se um médium de diversas habilidades. Aquele seu interesse junto à homeopatia passou a fazer mais sentido quando somado às manifestações mediúnicas receitistas e de cura. Através de contatos com o Espírito do médico Bezerra de Menezes ampliou sua farmácia homeopática, criando um laboratório anexo à casa de seus pais.

Em 1905 fundou o Centro Espírita Esperança e Caridade. Além de dirigir o local, Eurípedes desenvolveu uma mediunidade de altíssimo grau, dada sua evolução espiritual, bondade e conhecimento. Convivia com suas faculdades de clarividência, psicofonia, psicografia e efeitos físicos. Era tutelado por Espíritos como Santo Agostinho e São Vicente de Paulo.

O NASCIMENTO DA PRIMEIRA ESCOLA ESPÍRITA

Seu carisma e sua eloquência contagiavam até os católicos que rapidamente preferiam escutar suas palavras às dos padres dentro das igrejas. Com isso, a Igreja Católica iniciou uma campanha a fim de combater a evasão de fiéis. Inicialmente convenciam os pais católicos a tirarem seus filhos do Liceu Sacramentano, juntamente com a saída de professores. O esvaziamento em massa do corpo docente e de alunos levou ao fechamento da instituição.

Movido pelo desejo e a insistência de seguir educando a população, Eurípedes estruturou um novo espaço, como era o antigo Liceu. Afinal, a cidade não possuía estabelecimentos de ensino médio e superior. A nova escola oferecia a seus alunos, organizados em classes mistas, uma biblioteca com centenas de livros.

Em 1907 entrava em funcionamento o Colégio Allan Kardec. O nome veio de um momento especial em que Maria de Nazaré apareceu para Eurípedes com a mensagem de que deveria persistir em sua missão com muito amor. Assim venceria seus opositores. E recomendou que batizasse o centro cultural e educacional com o nome do Codificador. O Colégio Allan Kardec foi a primeira escola espírita do mundo.

Mas engana-se quem imagina que o local servia apenas para os ensinamentos do Espiritismo. Entre as disciplinas ministradas por professores, bem verdade, espíritas, estavam botânica, geografia, história, matemática, francês, português, anatomia, química e física. E uma vez por semana o próprio Eurípedes se encarregava de dar aula de religião.

Com 27 anos, ele não apenas dirigia esse estabelecimento inédito como adotava uma linha pedagógica que ia na contramão das escolas da época. Em vez do autoritarismo, da punição e das obrigações, Eurípedes estimulava as discussões, o livre pensar, a responsabilidade e o compartilhamento de informação. As avaliações estavam longe de serem rígidas, com provas que exigiam dos adolescentes horas para decorarem o que era falado em sala de aula. Exigia-se o exercício do saber pensar e respeitar as teorias e as ideias. O objetivo era formar alunos aptos a seguirem o caminho do bem, sabendo distinguir os pontos de vista dos outros e tendo a capacidade de argumentar a favor dos próprios.

A obra *Eurípedes Barsanulfo, um Educador de Vanguarda na Primeira República*, de Alessandro Cesar Bigheto, dedica todas as páginas a essa experiência inovadora com a pedagogia espírita. Há testemunhos de ex-alunos e descendentes do colégio.

A educadora Dora Incontri, de São Paulo, em uma entrevista dada em 2010, explica como Eurípedes Barsanulfo passou a fazer parte de sua dissertação de doutorado: "(...) com a criação do Colégio Allan Kardec, ele inseriu um novo modelo de educação. Em minha tese, analisei as heranças de Sócrates e Platão, passando por educadores como Comenius e Pestalozzi até chegar em Kardec, mostrando, depois, como a pedagogia espírita foi se desenvolvendo no Brasil através de seu primeiro grande educador espírita, que foi Eurípedes Barsanulfo. Considero-o realmente o fundador da pedagogia espírita no país, o primeiro a fazer uma escola espírita revolucionária, que nada tinha a ver com o sistema tradicional da época. Ele implantou uma metodologia sem notas, castigos ou recompensas, era uma educação ativa, com a participação dos alunos, algo totalmente diferenciado. (...) Além da literatura existente, entrevistei Thomaz Novelino, falecido em 2000, aos 99 anos de idade. Ele foi aluno de Eurípedes, conviveu com ele e fundou o Educandário Pestalozzi, na cidade de Franca (SP), inspirado em seu trabalho. De acordo com seu testemunho e de outras pessoas com quem conversei em Sacramento, Eurípedes era uma pessoa muito séria, bondosa, amorosa, serena, uma criatura bastante equilibrada. Enquanto outras escolas utilizavam castigos como forma de punição dos alunos, ele nem sequer alterava a voz. Atualmente, não há, dentro ou fora do movimento espírita, qualquer proposta de escola que se assemelhe com a que ele fez, com originalidade, liberdade, amor e participação dos alunos."

Jovens de cidades próximas, como Uberaba, Franca e Ribeirão Preto — estas duas últimas do interior paulista —, desejavam estudar no novo colégio. Em pouco tempo, as instalações tornavam-se pequenas para abrigar todos os interessados. Sempre com a ressalva de "apesar de ser um colégio espírita", a instituição recebeu os maiores elogios de inspetores escolares. Segue abaixo o parecer de um deles, Ernesto de Melo Brandão, datado de 29 de abril de 1913.

> "Visitei hoje o Colégio Allan Kardec, dirigido pelo competente e dedicado professor Eurípedes Barsanulfo, encontrando presentes às lições 94 alunos dos 113 atualmente matriculados. Acompanhei os trabalhos escolares e pude verificar que o método de ensino adotado é racional e que os alunos vão assimilando bem todas as matérias lecionadas neste colégio, que se impõe ao conceito desta cidade, não só pela boa disciplina, mas, também, pela dedicação desinteressada do seu diretor e seus dignos auxiliares, aos quais deixo consignados nestas linhas os meus aplausos pelos bons resultados que vão colhendo e meus agradecimentos pelo modo gentil com que me receberam no seu estabelecimento de ensino."

Nesse mesmo ano, a Igreja Católica solicitou a ida de um padre de Campinas, Feliciano Iague, a Sacramento, a fim de ajudar na anulação da crescente influência de Eurípedes e de sua escola na região. O encontro dos dois foi chamado por muitos escritores como duelo entre o Espiritismo e o Catolicismo. Na verdade, Eurípedes e o padre trocaram argumentos em praça pública, e o primeiro saiu vitorioso, o que só fortaleceu sua fama e seu trabalho como educador e médium. A autora de *Maravilhosos Encontros com Eurípedes Barsanulfo*, Lauret Godoy, descreve a passagem em seu livro.

> "No dia marcado, a praça da matriz estava repleta de sacramentanos e espíritas das cidades vizinhas, desejosos de assistir ao confronto que prometia ser memorável. E foi. Todos os argumentos do padre Iague objetivavam desmoralizar Eurípedes e o Espiritismo. Caíram por terra, um a um, graças ao raciocínio lógico, tranqüilo, consistente e pleno das palavras de Jesus por parte de Eurípedes. Ele foi vitorioso e precisou conter os entusiasmados espíritas, que desejavam carregá-lo em triunfo."

Com a imagem da Igreja ainda mais abalada depois do episódio do duelo, a retaliação chegou a Eurípedes pelas vias legais. Um dos braços da instituição católica moveu processo criminal contra o educador e médium, alegando prática ilegal da medicina. O inquérito policial contou com a atuação de um delegado de Uberaba, que intimou Eurípedes a depor em outubro de 1917. A papelada passou por meses pelas mãos de cinco juízes e promotores, todavia, ninguém sentia-se à vontade para julgá-lo. Até que, em maio de 1918, o processo foi arquivado.

O MÉDIUM EM AÇÃO

Existem inúmeros casos registrados sobre os atendimentos dados por Eurípedes como médium. Para ilustrar esse homem em plena atividade espírita, apresentam-se três casos retirados do livro biográfico assinado por Jorge Rizzini.

O ALUNO QUE QUERIA VER PARA CRER

"Abramos um parêntese para chamar a atenção do leitor para o seguinte fato. O corpo espiritual de Eurípedes Barsanulfo, quando liberto do corpo somático, embora

agindo sobre a matéria, nem sempre se tornara tangível.
Vamos apresentar novos exemplos que não devem,
pois (apressamo-nos a repetir), ser interpretados como
clarividência. São casos de 'desdobramento'. O próprio
Eurípedes, aliás, assim os considerava.
Ora, Jerônimo Cândido Gomide, já com vinte e um anos
de idade, tendo o físico robusto tornara-se enfermeiro dos
obsidiados internados e zelador do Colégio Allan Kardec.
Em certa manhã, viu ele o professor Eurípedes Barsanulfo
sentado em uma cadeira embaixo do caramanchão florido
do colégio e, julgando-o dormir, passou silencioso...
— Onde vai o senhor, pisando como um gato? Disse o médium.
— Estou pisando assim para não acordar o senhor.
— 'Seu' Jerônimo, segundos atrás estive em espírito na casa de Dona Mariquinha, no Zagaia; a filhinha dela, que tinha crupe, morreu não faz um minuto. Dona Mariquinha está me xingando e blasfemando contra Deus e Jesus.
Jerônimo concordou com a cabeça, mas... Não acreditou.
Se a menina ontem estava tão alegre! E, fingindo varrer
o pátio, contornou o prédio e, sorrateiro, saiu à rua,
correu em direção ao Zagaia e encontrou, realmente, a
menina morta na cama e Dona Mariquinha aos gritos,
blasfemando. E regressou ao colégio; Eurípedes Barsanulfo
continuava sentado na cadeira...
— Venha cá, 'seu' Jerônimo. É como eu disse ou não?
— É, sim, senhor! Mas, como sabe que eu fui verificar?
— Acompanhei-o em espírito. Pois é! Não se pode impedir
o desencarne. A menina tinha que abandonar a terra, mas a
mãe nada compreende das coisas de Deus e blasfema. Quanto
ao senhor, 'seu' Jerônimo, é um Tomé: só acredita, vendo..."

UMA DRAMÁTICA PREMONIÇÃO

"O sr. Moisés Santana, advogado e aplaudido jornalista
de Uberaba por seus artigos combativos, levara a esposa
a diversos médicos, mas ela piorava de consultório em

consultório. Resolveu, pois, ir a Sacramento solicitar uma receita mediúnica a Eurípedes Barsanulfo. Quando entrou na farmácia para entender-se com o médium encontrou, porém, os remédios já prontos. Eurípedes Barsanulfo, entretanto, disse-lhe:

— Antes dos remédios terminarem sua esposa estará curada, mas o senhor deve mudar-se de Uberaba, o quanto antes! Se não o fizer, poderá ser assassinado.

— Por que me diz isso?

— Santo Agostinho está me pedindo para avisá-lo.

O jornalista regressou a Uberaba e deu os remédios à esposa. Ela curou-se, mas ele continuou na cidade e, duas semanas depois, foi assassinado pelo Dr. João Henrique, médico e deputado uberabense."

A CURA DO BEBÊ

"Contou-nos Odilon José Ferreira (dentista e discípulo de Eurípedes Barsanulfo) que em 1908, transferira de Frutal para Sacramento sua família, trazendo um filho recém-nascido de nome João.— O bebê chorava dia e noite e a mãe de Odilon descobriu que era devido ao fato de não urinar. Mas por que o bebê não conseguia expelir a urina? Foi ele, então, levado à presença de Eurípedes Barsanulfo, que disse:

— Vamos à farmácia.

Foram. E o médium, depois de sentar-se, concentrou-se por breves segundos; e, sorridente, pegou o bisturi.

— O que vai fazer?

— É simples. Ele vai urinar, já.

E pediu à Jósia, irmã de Odilon, que despisse o bebê. Em seguida, deu um golpe rápido no prepúcio da criança e explicou:

— A uretra estava fechada por uma película. Em menos de um minuto ele vai urinar. Aguardemos.

E o bebê soltou a urina represada desde o primeiro dia de seu nascimento."

Além de psicografar, Eurípedes escrevia belos textos de composição própria. Aí não havia interferência de Espíritos; era apenas uma atividade que contava com toda a bagagem cultural e de crenças espirituais que o médium carregava dentro de si. Uma das belas poesias que deixou registradas é a seguinte:

DEUS

"O Universo é obra inteligentíssima; obra que transcende
a mais genial inteligência humana; e, como todo efeito
inteligente tem uma causa inteligente, é forçoso inferir que
a do universo é superior a toda inteligência; é a inteligência
das inteligências; a causa das causas; a lei das leis; o
princípio dos princípios; a razão das razões; a consciência
das consciências; é Deus! Deus! Nome mil vezes santo, que
Newton jamais pronunciava sem se descobrir!

Ó Deus que vos revelais pela natureza, vossa filha e nossa
mãe, reconheço-vos eu, Senhor, na poesia da criação; na
criancinha que sorri; no ancião que tropeça; no mendigo
que implora; na mão que assiste; na mãe querida que vela;
no pai extremoso que instrui; no apóstolo abnegado que
evangeliza as multidões.

Ó Deus! Reconheço-vos eu, Senhor, no amor do esposo;
no afeto do filho; na estima da irmã; na justiça do justo; na
misericórdia do indulgente; na fé do homem piedoso; na
esperança dos povos; na caridade dos bons; na inteireza
dos íntegros.

Ó Deus! Reconheço-vos eu, Senhor! No estro do vate;
na eloqüência do orador; na inspiração do artista; na
santidade do mestre; na sabedoria do filósofo e nos fogos
eternos do gênio!

Ó Deus! Reconheço-vos eu, Senhor! Na flor dos vergéis, na
relva dos vales; no matiz dos campos; na brisa dos prados;
no perfume das campinas; no murmúrio das fontes; no

rumorejo das franças; na música dos bosques; na placidez dos lagos; na altivez dos montes; na amplidão dos oceanos e na majestade do firmamento!

Ó Deus! Reconheço-vos eu, Senhor! Nos lindos antélios, no íris multicor; nas auroras polares; no argênteo da Lua; no brilho do Sol; na fulgência das estrelas; no fulgor das constelações!

Ó Deus! Reconheço-vos eu, Senhor! Na formação das nebulosas; na origem dos mundos; na gênese dos sóis; no berço das humanidades; na maravilha, no esplendor e no sublime do Infinito!

Ó Deus! Reconheço-vos eu, Senhor! Com Jesus, quando ora: 'Pai nosso que estais nos céus...' ou com os anjos quando cantam: 'Glória a Deus nas alturas, Paz na Terra aos Homens e Mulheres da Boa Vontade de Deus.'"

MENSAGENS ESPECIAIS DEPOIS DE DESENCARNAR

Em 1918, um quinto da população mundial foi infectada com o vírus da gripe espanhola, que matou mais de 50 milhões de pessoas. O nome se deu ao fato do grande número de mortos que a doença causou na Espanha. Outros continentes também sofreram com o mal.

No Brasil, a epidemia chegou em setembro de 1918, trazida em um navio que partiu de Lisboa e desembarcou doentes em Recife, Salvador e Rio de Janeiro.

A contaminação se alastrou rapidamente. E uma das vítimas tratava-se de Eurípedes Barsanulfo. Ele desencarnou em novembro do mesmo ano, com apenas 38 anos.

Suas atividades na vida terrena, de dedicação intensa ao bem e à ajuda aos mais carentes, continuaram a acontecer por intermédio de outros médiuns que psicografavam suas mensagens.

As primeiras aparições de Eurípedes desencarnado aconteceram em 1950, para Chico Xavier. As duas cartas psicografadas pelo mineiro de Pedro Leopoldo são reproduzidas a seguir e foram retiradas do livro Eurípedes: o homem e a missão, de Corina Novelino.

AOS COMPANHEIROS DE IDEAL

"Aos queridos amigos do Triângulo Mineiro:
A nossa marcha continua e, como sempre, irmãos meus, confirmo a promessa de seguir convosco até a suprema vitória espiritual.
Os anos correm incessantemente, a morte estabelece apreciáveis modificações, as paisagens se transformam, todavia, nossa confiança em Deus permanece inabalável. Somos numerosas caravanas em serviço das divinas realizações.
Velhos amigos nossos, ouvindo-me a palavra, sentirão os olhos úmidos. Para vós que ainda permaneceis na Terra, a travessia dos obstáculos parece mais dolorosa. As saudades orvalhadas das lágrimas vicejam ao lado das flores da esperança. As recordações represam-se na alma. Alguns companheiros estacionaram em caminho, atraídos pelo engano do mundo ou esmagados pelo desalento; não foram poucos os que desanimaram receosos da luta. Por isso mesmo, as dificuldades se fizeram mais duras, a jornada mais difícil.
Mas a nós, que temos sentido e recebido a bênção do Senhor, no mais íntimo d'alma, não será lícito o repouso. Nossas mãos continuam enlaçadas na cooperação pelo engrandecimento da verdade e do bem, e minha saudade, antes de ser um sofrimento, é um perfume do céu. No coração vibram nossas antigas esperanças e continuamos a seguir, a seguir sempre, no ideal de sublime unificação com o Divino Mestre.
Tenhamos para com os nossos irmãos ainda frágeis, a ternura do amor que examina e compreende. As ilusões passam como os rumores do vento. Prossigamos desse modo, com a verdade, para a verdade.
Falando-vos em nome de companheiros numerosos da espiritualidade, assinalo a nossa alegria pelo muito que já realizastes, no entanto, amigos, outras edificações nos esperam, requisitando-nos o esforço. É preciso contar com os tropeços de toda sorte. O obstáculo sempre

serviu para medir a fé, e o espírito de inferioridade nunca perdoou as árvores frutíferas. Quase toda gente deixa em paz o arbusto espinhoso a fim de atacar a árvore generosa, que estende os ramos em frutos aos viajantes que passam fatigados. A sombra, muita vez, ameaçará ainda os nossos esforços, os espinhos surgirão, inesperadamente, na estrada, a incompreensão cruel aparecerá de surpresa. Conservemos, porém, a limpidez de nosso horizonte espiritual, como quem espera as dificuldades, convictos de que a vida real se estende muito além dos círculos acanhados da Terra. Guardando a energia de nossa união dentro da sublimidade do ideal, teremos à frente o archote poderoso da fé que remove montanhas. Quando o desânimo vos tente, intensificai os passos na estrada da realização. Não esperemos por favores do mundo, quando o próprio Jesus não os teve. A paz na Terra, muitas vezes, não merece outro nome, além de ociosidade. Procuremos, pois, a paz de Cristo que excede o entendimento das criaturas. Semelhante vitória somente poderá ser conquista através de muita renúncia aos caprichos que nos ameaçam a marcha. Não seria justo aguardar as vantagens transitórias do plano material, quando o trabalho áspero ainda representa a nossa necessidade e o nosso galardão. Jamais vos sintam sozinhos na luta. Estamos convosco e seguiremos ao vosso lado. Invisibilidade não significa ausência.

O Mestre espera que façamos do coração o templo destinado à sua Presença Divina.

Enche-vos o mundo de sombras? Verificam-se deserções, dissabores, tempestades? Continuemos sempre. Atendamos ao programa de Cristo. Que ninguém permaneça nas ilusões venenosas de um dia.

Deste "Outro Lado" da vida, nós vos estendemos as mãos fraternas. Unindo-nos mais intensamente no trabalho, em vão rugirá a tormenta. Jamais vos entregueis à hesitação ou ao desalento, porque, ao nosso lado, flui a fonte eterna das consolações com o amor de Jesus Cristo.

Eurípedes Barsanulfo"

"Caros irmãos!

Que a augusta paz de Jesus envolva seus pensamentos em constante alegria de servir.
O tempo urge para todos nós! O amor do Mestre bafeja nossas faces, num convite expressivo ao trabalho.
Regozijem-se com os momentos de luta que os retira da ociosidade, convidando-os a pensar, para buscar novas soluções para que engrandeçam o bem-estar íntimo e dos irmãos com os quais convivem. Sejam otimistas e esperançosos!
As alegrias são conquistadas a cada hora de trabalho realizado, onde o bem promove mudanças constantes. Sejamos vivos alegres para prosseguir.
Os momentos difíceis são declarados como bençãos que assentam e reajustam nosso pensamento, na grande escala de trabalho que o Pai nos concede. O momento é de dor para aqueles que não conhecem o amor imensurável de Jesus, o Mestre, que continua a nos amparar e a nos assistir.
É tempo de acordar, despertar, para as grandes realizações íntimas. Quisera que todos soubessem divisar esses momentos que são registrados nessa sublime hora da separação do joio e do trigo. A Nova Era pede uma consciência participativa e dinâmica em relação aos fatos que envolvem o espírito.
O anúncio da Boa Nova trazida por Jesus se efetiva, em todo momento, como um convite de amor e ternura para todos que possam auxiliar o Pai.
Crescer e evoluir, eis a questão anunciada pelas leis, regem a vida do espírito.
Através da luta o espírito cresce!
Convite divino que acelera o pensamento para buscar novo patamar de compreensão.
Estamos no trabalho com Jesus.
Torna-se imprescindível voltarmos os olhos para as promessas divinas concedidas por Deus.
Avancemos, procurando compreender o trabalho renovador e prossigamos com esperança, no intuito

sublime de edificar as novas conquistas, superando dificuldades acarretadas pelo estágio evolutivo a que cada um se perdeu.

Avançar no entendimento da verdade trazida por Jesus é a realidade atual. Desprezar velhos conceitos que o tempo formulou, ampliando a visão da eternidade, e consagrar nosso ideal ao Bem Maior, concedido a todos.

O Universo canta e espalha sempre a melodia do amor; trabalho incansável que vem envolvendo a todos.

Glória aos ensinamentos do Mestre.

Com eles, estaremos livres para compreender e amar nosso irmão.

Paz em Cristo!

Eurípedes Barsanulfo"

Muitas de suas mensagens tornaram-se referências atemporais. O conteúdo abaixo foi transmitido à médium Suely Caldas Schubert, em 1983, no centro espírita Ivon Costa em Juiz de Fora, no interior de Minas Gerais. A mensagem está documentada nesse centro e disponível no site Correio Espírita (www.correioespirita.org.br).

"Irmãos Queridos,

Diante dessa crise que se abate sobre o nosso povo, face a essa onda de pessimismo que toma conta dos brasileiros, frente aos embates que o país atravessa, nós, os seus companheiros, trazemos na noite de hoje a nossa mensagem de fé, de coragem e de estímulo.

Estamos irradiando-a para todas as reuniões mediúnicas que estão sendo realizadas neste instante, de norte a sul do Brasil. Durante vários dias estaremos repetindo a nossa palavra, a fim de que maior número de médiuns possa captá-la.

Cada um destes que sintonizar nesta faixa vibratória dará a sua interpretação, de acordo com o entendimento e a gradação que lhe forem peculiares. Estamos convidando todos os espíritas para se engajarem nesta campanha. Há urgente necessidade de que a fé, a esperança e o otimismo renasçam nos corações. A onda de pessimismo, de descrédito e de desalento é tão grande que, mesmo aqueles que estão bem intencionados e aspirando realizar algo de construtivo e útil para o país, em qualquer nível, veem-se tolhidos em seus propósitos, sufocados nos seus anseios, esbarrando em barreiras quase intransponíveis. É preciso modificar esse clima espiritual. É imperioso que o sopro renovador de confiança, de fé nos altos destinos de nossa nação, varra para longe os miasmas do desalento e do desânimo. É necessário abrir clareiras e espaços para que brilhe a luz da esperança. Somente através de esperança conseguiremos, de novo, arregimentar as forças de nosso povo sofrido e cansado.

Os espíritas não devem engrossar as fileiras do desalento. Temos o dever inadiável de transmitir coragem, infundir ânimo, reaquecer esperanças e despertar a fé! Ah! A fé no nosso futuro! A certeza de que estamos destinados a uma nobre missão no concerto dos povos, mas que a nossa vacilação, a nossa incúria podem retardar. Responsabilidade nossa. Tarefa nossa. Estamos cientes de tudo isso e nos deixamos levar pelo desânimo, este vírus de perigo inimaginável. O desânimo e seus companheiros, o desalento, a descrença, a incerteza, o pessimismo, andam juntos e contagiam muito sutilmente, enfraquecendo o indivíduo, os grupos, a própria comunidade. São como o cupim a corroer, no silêncio, as estruturas. Não raras vezes, insuflado por mentes em desalinho, por inimigos do progresso, por agentes do caos, esse vírus se expande e se alastra, por contágio, derrotando o ser humano antes da luta.

Diante desse quadro de forças negativas, tornam-se muito difíceis quaisquer reações. Portanto, cabe aos espíritas o dever de lutar pela transformação desse estado geral. Que cada centro, cada grupo, cada reunião promova nossa campanha. Que haja uma renovação dessa psicosfera sombria e que as pessoas realmente sofredoras e abatidas

pelas provações encontrem em nossas Casas um clima de paz, de otimismo e de esperança!
Que vocês levem a nossa palavra a toda parte. Aqueles que possam fazê-lo transmitam-na através dos meios de comunicação. Precisamos contagiar o nosso Movimento com essas forças positivas, a fim de ajudarmos efetivamente o nosso país a crescer e a caminhar no rumo do progresso. São essas forças que impelem o indivíduo ao trabalho, a acreditar em si mesmo, no seu próprio valor e capacidade. São essas forças que o levam a crer e lutar por um futuro melhor.
Meus irmãos, o mundo não é uma nau à matroca. Nós sabemos que 'Jesus está no leme!' e que não iremos soçobrar.
Basta de dúvidas e incertezas que somente retardam o avanço e prejudicam o trabalho. Sejamos solidários, sim, com a dor de nosso próximo. Façamos por ele o que estiver ao nosso alcance. Temos o dever indeclinável de fazê-lo, sobretudo transmitindo o esclarecimento que a Doutrina Espírita proporciona. Mas, também, que a solidariedade exista em nossas fileiras, para que prossigamos no trabalho abençoado, unidos e confiantes na preparação do futuro de paz por todos almejado.
E não esqueçamos de que, se o Brasil 'é o coração do mundo', somente será a 'pátria do Evangelho' se este Evangelho estiver sendo sentido e vivido por cada um de nós.

Eurípedes Barsanulfo"

Há um rico material sobre esse médium mineiro que ficou tão pouco tempo nesta vida terrena. Além das publicações impressas, foi lançado em 2007 o documentário *Eurípedes Barsanulfo: Educador e Médium*. Dirigido por Oceano Vieira de Melo, o longa-metragem contou com uma participação do ator Lima Duarte, responsável pela narrativa. Lima Duarte também nasceu em Sacramento.

PARA SABER MAIS

- *Eurípedes, o Homem e a Missão*, Corina Novelino
- *Eurípedes Barsanulfo — O Apóstolo da Caridade*, Jorge Rizzini
- *Eurípedes Barsanulfo, um Educador de Vanguarda na Primeira República*, Alessandro Cesar Bigheto
- *Eurípedes Barsanulfo: Educador e Médium*, documentário de Oceano Vieira de Melo
- *Maravilhosos Encontros com Eurípedes Barsanulfo*, Lauret Godoy
- *Depois da Morte*, Léon Denis

FRANCISCO CÂNDIDO XAVIER (CHICO XAVIER)

O ÍCONE ESPÍRITA RESPONSÁVEL PELO FORTALECIMENTO DA DOUTRINA NO SÉCULO XX

Pedro Leopoldo, 2 de abril de 1910
Uberaba, 30 de junho de 2002

Não são poucas as histórias que se escuta sobre confusões com o registro de nomes de bebês. Os fatos mais comuns aconteciam quando a tecnologia e a informática nem haviam nascido. E principalmente com imigrantes. Muitos dos "erros", dizia-se que eram consequência da dificuldade de se entender a pronúncia de quem chegava ao cartório para registrar o nascimento.

Pois uma das maiores figuras espiritualizadas e filantrópicas do Brasil e o do mundo, Chico Xavier, passou por isso. São raras as pessoas que nunca ouviram falar desse médium mineiro, de aparência frágil e voz mansa. O nome pelo qual é conhecido trata-se de um apelido que o acompanhou por toda a vida. Oficialmente seus pais o batizaram de Francisco Cândido Xavier. Ou melhor, achavam que o haviam batizado com esse nome.

O ano era 1933. Chico começaria a trabalhar como inspetor agrícola pelo Ministério da Agricultura, em sua cidade natal, Pedro Leopoldo. Para isso, precisava providenciar documentos. Não carregava consigo nem a certidão de nascimento. Quando foi buscá-la, descobriu que havia sido registrado por um amigo do pai como Francisco de Paula Cândido. dois de abril é dia de São Francisco de Paula. Provavelmente o homem não se lembrava das recomendações paternas de Chico Xavier e adotou o nome do santo, incluindo o outro sobrenome do pai, que se chamava João Cândido Xavier.

A confusão permaneceu documentada até 1965. Só a partir desse ano Chico Xavier alterou seu documento com o nome que seus pais desejavam, Francisco Cândido Xavier. E é com ele que assina sua extensa bibliografia.

SEMPRE EM MINAS GERAIS

Pedro Leopoldo ainda hoje preserva o clima de cidade mineira de interior. Fica a menos de 50 km da capital do estado e faz parte da Região Metropolitana de Belo Horizonte. A cidade cresceu ao redor de uma antiga fábrica de tecido, que se instalou no fim do século XIX na região, e próxima à linha ferroviária construída no mesmo período. O clima pacato e bucólico do município sofreu transformações como qualquer centro urbano em desenvolvimento, mas o maior deles estava associado a um habitante e não a um setor da economia.

Chico Xavier nasceu no município em 1910, assim como seus oito irmãos. Eram filhos de um casal humilde, de pouca instrução, porém bastante católicos. A mãe, Maria João de Deus, transmitia sua religiosidade à prole. O início da vida de Chico Xavier teve reveses sofridos. Porém, em meados de 1930, Chico já exercia sua mediunidade psicográfica. Escrevia textos que, em breve, se tornariam obras completas e redigia mensagens de pessoas desencarnadas para parentes que levavam uma vida terrena. A repercussão de seu trabalho espírita se espalhou rapidamente, e Pedro Leopoldo, aos poucos, passou a ser a cidade em que Chico Xavier vivia. Pessoas se deslocavam até lá para serem atendidas pelo médium. E assim aconteceu por décadas.

Chico Xavier mudou-se definitivamente para Uberaba em 1959. Viveu na cidade do Triângulo Mineiro até desencarnar, em 2002. Em todo esse período atendeu os necessitados e difundiu a doutrina espírita. Sua devoção e sua competente habilidade de se comunicar com os Espíritos o tornaram o maior representante dessa religião, não apenas no Brasil como no mundo, durante o século XX.

COMPANHIAS ESPIRITUAIS DESDE CEDO

Dezenas de livros abordam de alguma forma a vida de Chico Xavier; afinal, ele foi nada mais nada menos que o maior ícone do Espiritismo. É natural encontrar uma vasta lista de publicações a seu respeito. Em todas elas, com algumas diferenças nos detalhes, descreve-se a primeira infância do médium mineiro como uma fase terrível. Poucos suportariam da maneira com que ele suportou.

Quando estava com cinco anos, sua mãe desencarnou em decorrência de problemas cardíacos. Prevendo sua partida, Maria João deixou algumas pessoas responsáveis pela educação de seus filhos, que foram separados e passaram a morar em diferentes residências. Para sua tristeza, Chico Xavier foi designado à sua madrinha, que sofria de crises nervosas e apresentava comportamento violento. O resultado foi um só: dois a três anos de tortura emocional e física para com pequeno garoto. Como ele suportava?

Aos quatro anos de idade já dava sinais de que via e conversava com Espíritos. Ninguém o julgava adequadamente. Atestavam como fruto da imaginação infantil ou "coisa do demônio". No período em que viveu com sua madrinha, os momentos de desespero eram tolerados graças ao Espírito de sua mãe, que aparecia para Chico Xavier com frequência. Em suas mensagens, de maneira geral, ela pedia a ele paciência, resignação e fé em Jesus.

Em uma entrevista dada à revista *Informação*, em abril de 1977, quando o repórter pergunta sobre os fenômenos mediúnicos que sentia desde criança, Chico Xavier descreve, mas sem, em nenhum momento, fazer críticas diretas à madrinha — aliás, de quem nunca falou mal, apesar dos maus tratos:

> "No quintal da casa em que eu morava, via frequentemente minha mãe desencarnada em 1915 e outros Espíritos, mas as pessoas que me cercavam então não conseguiam compreender minhas visões e notícias, e acreditavam francamente que eu estivesse mentindo ou que estivesse sob perturbação mental. Como experimentasse muita incompreensão, cresci debaixo de muitos conflitos íntimos, porque de um lado estavam as pessoas grandes que me repreendiam ou castigavam, supondo que eu criava mentiras, e do outro lado estavam as entidades espirituais que perseveravam comigo sempre. Disso resultou muita dificuldade mental para mim, porque eu amava os espíritos que me apareciam, mas não queria vê-los para não sofrer punições por parte das pessoas encarnadas com quem eu precisava viver."

Um dia aquele inferno acabaria. Realmente acabou. Seu pai casou-se novamente. A madrasta Cidália Batista reuniu a família Xavier sob o mesmo teto. Chico e seus irmãos voltaram a morar juntos quando ele já havia completado oito anos. Cidália ainda teve seis filhos. Todos viviam juntos, em harmonia, apesar das dificuldades financeiras.

Com a estrutura familiar refeita, as crianças passaram a frequentar a escola. E nesse espaço, os professores logo notaram que o menino tímido tinha algo de diferente. Alguns achavam que suas tarefas escolares eram copiadas ou que algum adulto o ajudava. Outros entendiam que a justificativa de Chico Xavier poderia mesmo ser verdadeira. O garoto dizia frequentemente que um Espírito o havia ajudado. O teor de alguns textos comprova que seria difícil ele ter, por si só, tal habilidade com as palavras.

Chico Xavier não sabia explicar os fenômenos, mas sentia-se confortável durante os diálogos com os Benfeitores Espirituais. Frequentou a escola por apenas quatro anos, conseguindo pelo menos a instrução primária. Um fato curioso refere-se ao primeiro centenário da independência do país, em 1922.

Na comemoração da data, os alunos deveriam escrever um texto sobre o tema. O futuro médium revelou que um homem ao seu lado havia ditado as palavras. A professora tentou provar a ele que o resultado era fruto de sua mente e não de um Espírito. De qualquer maneira, o jovem recebeu uma menção honrosa pela qualidade da redação entregue.

Mesmo assim, ele se entristecia por não o compreenderem. Aos poucos, depois de um dos últimos contatos com o Espírito de sua mãe, Chico Xavier começou a seguir as sábias palavras dela. Recomendava que o filho alterasse sua forma de pensar para evitar retaliações e a antipatia por parte dos adultos. Deveria se calar e quando lembrasse de lições recebidas do Além, que as seguisse. Conquistaria a confiança dos outros apenas depois de aprender sobre a obediência.

NA LABUTA MATERIAL TAMBÉM DESDE CEDO

Uma família com tantas bocas para alimentar e um pai sem instrução, com trabalho de baixa remuneração, acaba por exigir que seus integrantes rapidamente ingressem no mercado de trabalho. Chico Xavier, ainda com oito anos, vendia as verduras da horta de sua casa. Assim como sua mãe, a madrasta era uma fiel seguidora da Igreja Católica e fazia de sua casa uma extensão das pregações dos padres. Por não entender as manifestações mediúnicas do filho, o pai de Chico Xavier chegou a sugerir sua internação, porém um padre local aconselhou-o a apenas colocar o jovem para trabalhar — isso o afastaria dos livros e das leituras inadequadas que estimulavam erroneamente a mente infantil.

Assim, ele partiu para seu primeiro trabalho "fora de casa". A tecelagem instalada no fim do século XIX na cidade empregava boa parte dos habitantes de Pedro Leopoldo. Com Chico Xavier não foi diferente. Contudo, a disciplina rígida das atividades na fábrica geraram sequelas em sua saúde física. Depois de algum tempo, foi assistente de cozinha em um bar — o que despertou nele a vontade de preparar suas próprias refeições —, caixeiro em armazém e inspetor agrícola na Fazenda Modelo, do governo federal, com o propósito de fomentar a agropecuária na região. Com esta última função se aposentou, em 1958.

No início do ano seguinte mudou-se para Uberaba. Sofria de uma crise de hérnia estrangulada que deveria ser tratada, sob orientação médica, na cidade do Triângulo Mineiro. Depois de fixar residência por lá, Chico Xavier nunca mais trocou de endereço até desencarnar. Aposentado, seguiu de 1959 até 2002 dedicando-se à prática mediúnica e à divulgação do Espiritismo.

ANTES DA MAIORIDADE, NASCE UM ESPÍRITA CONVICTO

Próximo de completar 18 anos, Chico Xavier buscou no Espiritismo as explicações que não conseguia encontrar em outra ciência para os fenômenos que presenciava e sentia. Em 1927, uma de suas irmãs estava sofrendo de uma crise de obsessão. Com a ajuda de um casal de amigos espíritas da família ela foi curada. Chico Xavier presenciou a sessão de passes e orações. Aquilo fazia todo o sentido para ele. A fim de se aprofundar na doutrina, pediu orientação a esse casal. Na mesma entrevista dada à revista *Informação*, em abril de 1977, Chico Xavier dá mais detalhes sobre a iniciação com a literatura espírita.

> "Os primeiros espíritas que conheci foram nossos irmãos José Hermínio Perácio e sua esposa D. Carmen Pena Perácio, com os quais me iniciei no conhecimento da Doutrina Espírita e na mediunidade e diante de quem sou um espírito eternamente devedor pelo bem que me fizeram. (...)
> Eles me iniciaram no Espiritismo explicando-me o que eu sentia, em matéria de mediunidade, (...) amparando-me em minhas necessidades espirituais, ensinando-me a orar e presenteando-me com *O Evangelho Segundo o Espiritismo* e *O Livro dos Espíritos*, de Allan Kardec, os dois livros que me deram os alicerces de minha fé espírita-cristã e me orientaram para aceitar a mediunidade e respeitar os Bons Espíritos."

A identificação com os fundamentos da doutrina foi imediata. Portanto, no mesmo ano em que sua irmã foi curada, Chico Xavier já fundava o Centro Espírita Luiz Gonzaga e nele psicografou sua primeira mensagem.

Nas palavreas do médium, na entrevista à revista *Informação*:

> "Estávamos em reunião pública e depois da evangelização D. Carmern Perácio, médium de muitas faculdades, transmitiu a recomendação de um benfeitor espiritual para que eu tomasse o lápis e experimentasse a psicografia. Obedeci e minha mão de pronto escreveu 17 páginas sobre deveres espíritas... Senti alegria e susto ao mesmo tempo. Tremia muito quando terminei. O espírito comunicante não se identificou. Apenas assinou 'um espírito amigo.'"

MILHARES DE PÁGINAS PSICOGRAFADAS E ENSINAMENTOS EM CADA FRASE PROFERIDA

A partir da criação do centro, o médium psicografava receitas para os necessitados, mensagens e obras doutrinárias e literárias. O ano de 1931 foi um marco na vida de Chico Xavier. Sua segunda mãe falece e ele tem a primeira visão do Espírito Emmanuel. Esse benfeitor seria responsável por dezenas de obras comunicadas ao médium por meio da psicografia. Também nesse período compilou uma coletânea de poesias ditadas por Espíritos de poetas desencarnados. O material resultou em sua primeira obra, publicada no ano seguinte sob o título *Parnaso de Além-Túmulo*.

No prefácio do livro *Emmanuel*, Chico Xavier conta de maneira singela seu primeiro contato com o Espírito e a relação que desenvolveu com ele. Abaixo, segue na íntegra a abertura da obra publicada em sua primeira edição em 1938, pela Federação Espírita Brasileira.

> EXPLICANDO...
> *(Prefácio do livro Emmanuel, psicografado por Chico Xavier)*

> "Lembro-me de que, em 1931, numa de nossas reuniões habituais, vi a meu lado, pela primeira vez, o bondoso Espírito Emmanuel.
> Eu psicografava, naquela época, as produções do primeiro livro mediúnico, recebido através de minhas humildes

faculdades e experimentava os sintomas de grave moléstia dos olhos.

Via-lhe os traços fisionômicos de homem idoso, sentindo minha alma envolvida na suavidade de sua presença, mas o que mais me impressionava era que a generosa entidade se fazia visível para mim, dentro de reflexos luminosos que tinham a forma de uma cruz.

Às minhas perguntas naturais, respondeu o bondoso guia:
— 'Descansa! Quando te sentires mais forte, pretendo colaborar igualmente na difusão da filosofia espiritualista. Tenho seguido sempre os teus passos e só hoje me vês, na tua existência de agora, mas os nossos espíritos se encontram unidos pelos laços mais santos da vida, e o sentimento afetivo que me impele para o teu coração tem suas raízes na noite profunda dos séculos...'

Essa afirmativa foi para mim imenso consolo e, desde essa época, sinto constantemente a presença desse amigo invisível que, dirigindo as minhas atividades mediúnicas, está sempre ao nosso lado, em todas as horas difíceis, ajudando-nos a raciocinar melhor, no caminho da existência terrestre. A sua promessa de colaborar na difusão da consoladora Doutrina dos Espíritos tem sido cumprida integralmente.

Desde 1933, Emmanuel tem produzido, por meu intermédio, as mais variadas páginas sobre os mais variados assuntos. Solicitado por confrades nossos para se pronunciar sobre esta ou aquela questão, noto-lhe sempre o mais alto grau de tolerância, afabilidade e doçura, tratando sempre todos os problemas com o máximo respeito pela liberdade e pelas idéias dos outros.

Convidado a identificar-se, várias vezes, esquivou-se delicadamente, alegando razões particulares e respeitáveis, afirmando, porém, ter sido, na sua última passagem pelo planeta, padre católico, desencarnado no Brasil.

Levando as suas dissertações ao passado longínquo, afirma ter vivido ao tempo de Jesus, quando então se chamou Públio Lêntulos.

E de fato, Emmanuel, em todas as circunstâncias, tem

dado a quantos o procuram os testemunhos de grande experiência e de grande cultura.

Para mim, tem sido ele de incansável dedicação. Junto do Espírito bondoso daquela que foi minha mãe na Terra, sua assistência tem sido um apoio para meu coração nas lutas penosas de cada dia.

Muitas vezes, quando me coloco em relação com as lembranças de minhas vidas passadas e quando sensações angustiosas me prendem o coração, sinto-lhe a palavra amiga e confortadora.

Emmanuel leva-me, então, às eras mortas e explica-me o grande e pequeno porquê das atribulações de cada instante. Recebo invariavelmente, com a sua assistência, um conforto indescritível, e assim é que renovo minhas energias para a tarefa espinhosa da mediunidade, em que somos ainda tão incompreendidos.

Alguns amigos, considerando o caráter de simplicidade dos trabalhos de Emmanuel, esforçaram-se para que este volume despretensioso surgisse no campo da publicidade. Entrar na apreciação do livro, em si mesmo, é coisa que não está na minha competência. Apenas me cumpria o dever de prestar ao generoso guia dos nossos trabalhos a homenagem do meu reconhecimento, com a expressão da verdade pura, pedindo a Deus que o auxilie cada vez mais, multiplicando suas possibilidades no mundo espiritual, e derramando-lhe n'alma fraterna e generosa as luzes benditas do seu infinito amor.

Pedro Leopoldo, 16 de setembro de 1937.

FRANCISCO CÂNDIDO XAVIER"

As centenas de publicações do médium — fala-se em 412 obras, além de milhares de cartas de desencarnados para consolar famílias — servem como forte subsídio para a conversão ao Espiritismo. O conteúdo está distribuído por diversos gêneros e formatos literários. São poesias, crônicas, contos, romances, relatos sobre a vida espiritual, explicações filosóficas, textos evangélicos, de caráter científico, sobre mediunidade e obsessão. Também psicografou material doutrinário com uma linguagem voltada para o público infantil.

Ainda hoje, tanto os seguidores como os simpatizantes dessa religião compartilham com frequência frases e mensagens curtas do médium, em diversos meios de comunicação, incluindo atualmente redes sociais online. Entre as mais divulgadas estão:

"Não exijas dos outros qualidades que ainda não possuem."

"Fico triste quando alguém me ofende, mas, com certeza, eu ficaria mais triste se fosse eu o ofensor... Magoar alguém é terrível!"

"Não há problema que não possa ser solucionado pela paciência."

"A felicidade não entra em portas trancadas."

"Embora ninguém possa voltar atrás e fazer um novo começo, qualquer um pode começar agora e fazer um novo fim."

PRINCIPAIS LIVROS PSICOGRAFADOS E ALGO MAIS

Entre tantas obras publicadas, destacam-se algumas com tiragens que ultrapassam a casa dos 400 mil exemplares. Estima-se que Chico Xavier, ao longo de 70 anos dedicados à mediunidade psicográfica, tenha vendido mais de 25 milhões de livros. Mas engana-se quem acha que isso o deixou rico. Muito pelo contrário; viveu sempre com sua modesta aposentadoria. Dispensava os direitos autorais com uma condição feita à editora responsável pela publicação da obra: que todo o dinheiro recebido com as vendas se convertesse em recursos para instituições de caridade. E assim aconteceu por toda a sua vida.

Em 1939 o Espírito do escritor maranhense Humberto de Campos ditou ao médium alguns textos que são reunidos no livro *Crônicas de Além-*

-*túmulo*. Juntos ainda escreveram outros títulos. Porém, um deles, *Brasil, Coração do Mundo, Pátria do Evangelho*, produzido em 1938, rendeu um processo a Chico Xavier por parte da família de Humberto de Campos. O juiz acabou decidindo a favor do médium, sob a alegação de que só poderia julgar a questão de direitos autorais associada às obras realizadas em vida pelo autor Humberto Campos. O tribunal não se achava em condição de se pronunciar sobre a existência ou não da mediunidade. De qualquer forma, a fim de se evitar futuros problemas, Chico Xavier alterou o nome do escritor falecido para o pseudônimo Irmão X.

Essa ação judicial aconteceu em 1944, mesmo ano em que Chico Xavier publicou seu livro mais vendido, *Nosso Lar*. Pelas mãos do médium, o Espírito do médico André Luiz conta sobre as descobertas no plano espiritual. Como será a vida depois da desencarnação? O romance narra essa experiência que se passa em uma cidade onde se reúnem os espíritos. São tratadas questões a exemplo do sentido do trabalho justo e edificante e da lei de causa e efeito a que os Espíritos estão submetidos. São 50 capítulos distribuídos em 312 páginas. A seguir, alguns trechos da principal obra de Chico Xavier.

CAPÍTULO 8 — ORGANIZAÇÃO DE SERVIÇOS
(livro Nosso Lar, *pelo Espírito André Luiz, psicografado por Chico Xavier)*

"Decorridas algumas semanas de tratamento ativo, saí, pela primeira vez, em companhia de Lísias.
Impressionou-me o espetáculo das ruas. Vastas avenidas, enfeitadas de árvores frondosas. Ar puro, atmosfera de profunda tranquilidade espiritual. Não havia, porém, qualquer sinal de inércia ou de ociosidade, porque as vias públicas estavam repletas. Entidades numerosas iam e vinham. Algumas pareciam situar a mente em lugares distantes, mas outras me dirigiam olhares acolhedores. Incumbia-se o companheiro de orientar-me em face das surpresas que surgiam ininterruptas. Percebendo-me as íntimas conjeturas, esclareceu solícito:
— Estamos no local do Ministério do Auxílio. Tudo o que vemos, edifícios, casas residenciais, representa instituições e abrigos adequados à tarefa de nossa

jurisdição. Orientadores, operários e outros serviçais da missão residem aqui. Nesta zona, atende-se a doentes, ouvem-se rogativas, selecionam-se preces, preparam-se reencarnações terrenas, organizam-se turmas de socorro aos habitantes do Umbral, ou aos que choram na Terra, estudam-se soluções para todos os processos que se prendem ao sofrimento.
— Há, então, em 'Nosso Lar', um Ministério do Auxílio? — perguntei.
— Como não? Nossos serviços são distribuídos numa organização que se aperfeiçoa dia a dia, sob a orientação dos que nos presidem os destinos.
(...)
— Oh! Nunca imaginei a possibilidade de organizações tão completas, depois da morte do corpo físico!...
— Sim — esclareceu Lísias —, o véu da ilusão é muito denso nos círculos carnais. O homem vulgar ignora que toda manifestação de ordem, no mundo, procede do plano superior. A natureza agreste transforma-se em jardim quando orientada pela mente do homem, e o pensamento humano, selvagem na criatura primitiva, transforma-se em potencial criador quando inspirado pelas mentes que funcionam nas esferas mais altas. Nenhuma organização útil se materializa na crosta terrena sem que seus raios iniciais partam de cima. (...)"

CAPÍTULO 18 — AMOR, ALIMENTO DAS ALMAS
(livro Nosso Lar, *pelo Espírito André Luiz, psicografado por Chico Xavier)*

"Terminada a oração, chamou-nos à mesa a dona da casa, servindo caldo reconfortante e frutas perfumadas, que mais pareciam concentrados de fluidos deliciosos. Eminentemente surpreendido, ouvi a senhora Laura observar com graça:
— Afinal, nossas refeições aqui são muito mais agradáveis que na Terra. Há residências, em 'Nosso Lar',

que as dispensam quase por completo; mas, nas zonas
do Ministério do Auxílio, não podemos prescindir dos
concentrados fluídicos, tendo em vista os serviços
pesados que as circunstâncias impõem. Despendemos
grande quantidade de energias. É necessário
renovar provisões de força.
(...)
— Nosso irmão talvez ainda ignore que o maior sustentáculo
das criaturas é justamente o amor. De quando em quando,
recebemos em 'Nosso Lar' grandes comissões de instrutores,
que ministram ensinamentos relativos à nutrição espiritual.
Todo sistema de alimentação, nas variadas esferas da vida,
tem no amor a base profunda. O alimento físico, mesmo
aqui, propriamente considerado, é simples problema de
materialidade transitória, como no caso dos veículos
terrestres, necessitados de colaboração da graxa e do
óleo. A alma, em si, apenas se nutre de amor.
(...)
— Não se lembra do ensino evangélico do "amai-vos
uns aos outros"? — prosseguiu a mãe de Lísias atenciosa
— Jesus não preceituou esses princípios objetivando
tão somente os casos de caridade, nos quais todos
aprenderemos, mais dia menos dia, que a prática do
bem constitui simples dever. Aconselhava-nos, igualmente,
a nos alimentarmos uns aos outros no campo da
fraternidade e da simpatia. O homem encarnado saberá,
mais tarde, que a conversação amiga, o gesto afetuoso,
a bondade recíproca, a confiança mútua, a luz da
compreensão, o interesse fraternal — patrimônios que
se derivam naturalmente do amor profundo — constituem
sólidos alimentos para a vida em si.
(...)
Saíram todos, em meio do júbilo geral. A dona da casa,
fechando a porta, voltou-se para mim e explicou sorridente:
— Vão em busca do alimento a que nos referíamos. Os laços
afetivos, aqui, são mais belos e mais fortes. O amor,
meu amigo, é o pão divino das almas, o pábulo sublime
dos corações."

O livro *Nosso Lar* serviu de inspiração para outros trabalhos culturais, como a novela *A Viagem*, de Ivani Ribeiro, e o longa-metragem também chamado *Nosso Lar*, lançado em setembro de 2010 para celebrar o centenário de nascimento de Chico Xavier. À época do lançamento do filme, o livro já havia vendido mais de 2 milhões de exemplares.

Um pouco antes de lançar seu maior sucesso psicografado, Chico Xavier preparou outra obra prima ditada por Emmanuel: *Paulo e Estêvão*. O romance se passa entre um ano após a morte de Jesus Cristo, ano 34 d.C., e o ano de falecimento do apóstolo Paulo, 67 d.C. O livro revela acontecimentos históricos inéditos, respeitando a ordem cronológica de *Atos dos Apóstolos*. Descreve o trabalho de Paulo nesse período em que não se compreendia a grandeza da vinda de Jesus Cristo. Apesar das resistências que encontrava, o apóstolo conta com o auxílio de Santo Estêvão (primeiro mártir cristão) por meio de sonhos e mensagens intuitivas.

Um ano depois de estabelecer residência em Uberaba, em 1959, Chico Xavier conheceu o estudante de medicina e médium Waldo Vieira. A dupla criou uma parceria de trabalhos psicografados que rendeu 17 obras. A principal delas é *Mecanismos da Mediunidade*, com autoria também atribuída a André Luiz. A primeira parte do livro ensina ao leitor conceitos como ondas e campos eletromagnéticos, radioatividade e estrutura atômica. Nos capítulos finais são abordados temas como hipnotismo, obsessão, passes e preces.

O legado literário de Chico Xavier é único não apenas no Brasil, como no mundo. Várias de suas obras foram traduzidas para dezenas de idiomas. Seu último livro, publicado em 1999, chama-se *Escada de Luz*, e na concisa apresentação feita por Emmanuel o leitor já imagina o que vai encontrar nas páginas seguintes:

"Os pensamentos e reflexões enfileirados neste livro
lembram escada de paz e amor que todos nós seremos
induzidos, pelas Leis da Vida, a conhecer e vivenciar, na
caminhada em direção às sublimes regiões da Luz.

Emmanuel
Uberaba, 4 de outubro de 1997"

A MEDIUNIDADE NA VOZ DO MAIOR MÉDIUM DE TODOS OS TEMPOS

Sempre que questionado sobre a mediunidade, sua missão e seu trabalho nesta vida terrena, Chico Xavier se mostra uma figura que transborda humildade e sabedoria. Adiante, algumas palavras do médium em resposta às inúmeras entrevistas que dava, sempre com o intuito de divulgar o Espiritismo e seus ensinamentos. A intenção nunca era a busca pela fama ou pelo retorno financeiro. Como já foi dito aqui, ele abriu mão de qualquer forma de remuneração, seja pela venda dos livros, seja como agradecimento pelas palavras de consolo que levava aos necessitados.

(Sobre a experiência mais valiosa que o exercício da mediunidade deu, em entrevista à revista Informação, *em abril de 1977.)*

"O reconhecimento de minha inferioridade e o encontro constante com as minhas imperfeições. Quanto mais os Instrutores Espirituais escrevem, por meu intermédio, mais claramente observo a distância espiritual que me separa deles. Quanto mais corre o tempo sobre o trabalho dos Mentores do Além através de minhas pobres forças, mais me vejo na condição da laranjeira de má qualidade providencialmente cortada para serviços de enxertia. Os frutos no galho são substanciosos e doces porque pertencem à laranjeira nobre que não desdenhou produzir sobre o pé da laranja azeda."

(Sobre a maior alegria em uma vida mediúnica, em entrevista à revista Informação, *em abril de 1977.)*

"Por acréscimo de misericórdia do Alto, tenho tido muitas alegrias em minha vida mediúnica. Não posso, no entanto, esquecer que uma das maiores se verificou no término da psicografia do livro *Paulo e Estevão*, de Emmanuel, em julho de 1941, quando os benfeitores desencarnados me permitiram contemplar quadros do Mundo Espiritual que ficaram para mim inesquecíveis. Outra grande emoção que experimentei foi a ida, em espírito, em companhia de Emmanuel e André Luiz até a região suburbana de *Nosso Lar*, em agosto de 1943, acontecimento esse que se deu, não por merecimento de minha parte, mas para que, em minha ignorância, eu não entravasse o trabalho de André Luiz, por meu intermédio, de vez que eu estava sentindo muita perplexidade, no início da psicografia do primeiro livro dele, através de minhas pobres faculdades."

(Sobre a popularidade que os livros mediúnicos lhe trouxeram, em entrevista dada a Elias Barbosa, autor de No mundo de Chico Xavier, *na própria casa do médium mineiro, quando este celebrou 40 anos de manifestação mediúnica.)*

"Sei que eles me trouxeram muita responsabilidade. Quanto ao caso da popularidade, sei que cada amigo faz de nós um retrato para uso próprio e cada inimigo faz outro. Mas diante do Mundo Espiritual não somos aquilo que os outros imaginam e, sim, o que somos verdadeiramente. Desse modo, sei que sou um espírito imperfeito e muito endividado, com necessidade constante de aprender, trabalhar, dominar-me e burilar-me perante as leis de Deus."

(Sobre o significado de um trabalho mediúnico realizado durante décadas, no especial com Chico Xavier do Programa Terceira Visão, *da Rede Bandeirantes, que foi ao ar no dia 25 de dezembro de 1987.)*

"Um amigo espiritual em se comunicando aqui, há poucos dias, numa página que eu considero muito interessante, contou que um amigo espiritual perguntou a um Mentor das esferas mais altas o que significavam 60 anos de trabalho espiritual ininterrupto. E o Mentor respondeu que, para Jesus, significaria 6 minutos."

(Sobre sua missão nesta vida, em entrevista dada a aos repórteres Luiz Caio e Luizinho Coruja, publicada em 19 de março de 1984 na revista Contigo/Superstar, *n. 443, transcrita no Anuário Espírita de 1985)*

"Um capim tem uma missão, alimentar o boi. Minha missão é como a do capim ou de qualquer outra plantinha sem nome que exista por aí. Precisamos viver honradamente e fazer tudo o que pudermos para ajudar o próximo a superar suas dificuldades."

PARA SABER MAIS
(No caso de Chico Xavier, a lista de obras sobre ele e escritas por ele é enorme. Portanto, segue aqui apenas as referências citadas ao longo do capítulo. Há sites com listas completas do legado do médium e de outros autores que reuniram sua história e suas experiências.)

- *O Evangelho Segundo o Espiritismo*, Allan Kardec
- *O Livro dos Espíritos*, Allan Kardec
- *Parnaso de Além-Túmulo*, Francisco Cândido Xavier / Espíritos diversos
- *Crônicas de Além-Túmulo*, Francisco Cândido Xavier / Espírito Humberto de Campos
- *Emmanuel*, Francisco Cândido Xavier / Espírito Emmanuel
- *Brasil, Coração do Mundo, Pátria do Evangelho*, Francisco Cândido Xavier / Espírito Humberto de Campos
- *Paulo e Estêvão*, Francisco Cândido Xavier / Espírito Emmanuel
- *Nosso Lar*, Francisco Cândido Xavier / Espírito André Luiz
- *Mecanismos da Mediunidade*, Francisco Cândido Xavier e Waldo Vieira
- *Escadas de Luz*, Francisco Cândido Xavier / Espíritos diversos

FRANCISCO LEITE DE BITTENCOURT SAMPAIO

O ADVOGADO QUE SE DIVIDIA ENTRE AS VIDAS POLÍTICA, CULTURAL E DE BENFEITORIAS ESPIRITUAIS

Laranjeiras (SE), 1 de fevereiro de 1834
Rio de Janeiro, 10 de outubro de 1895

Sergipe é o estado brasileiro de menor área territorial. Num passado remoto, chegou a fazer parte do território da Bahia, mas recebeu autonomia de província em 1824. Transformou-se em Estado apenas depois da proclamação da República, em 1892. Os povos locais conviveram, em diferentes fases históricas do país, com franceses, holandeses e portugueses. Isso favoreceu ainda mais a consolidação da região como um rico centro cultural do Nordeste.

Durante o século XIX, a província era um importante polo açucareiro, com engenhos e, posteriormente, usinas. Antes de Aracaju se tornar capital sergipana, uma vila próxima a ela, Laranjeiras, era forte candidata, mas manobras políticas se encarregaram de dar o título à vizinha São Cristóvão. A pequena Laranjeiras, que ainda hoje é uma cidade com menos de 30 mil habitantes, seguiu sua evolução e preserva o casario colonial e as tradições festivas que se consolidaram principalmente nesse período.

A população acompanhou de perto um grande desenvolvimento econômico, cultural e político. O próprio site da prefeitura de Laranjeiras destaca a vila na década de 1840 como "o maior centro cultural e artístico de Sergipe." É chamada de "Atenas sergipana". Pois foi ali, exatamente nesses anos, que Francisco Leite de Bittencourt Sampaio passou sua infância.

A ATRAÇÃO POR TEMAS INTELECTUAIS E ARTÍSTICOS

Natural de Laranjeiras, Bittencourt Sampaio era uma criança que preferia os livros às brincadeiras com outros de sua idade. Aprendeu a ler cedo e seus poemas recebiam elogios de professores, que admiravam não apenas a bagagem de conhecimento do garoto e o teor artístico dos versos como também o conteúdo educativo deles.

Bittencourt Sampaio tinha o mesmo nome de seu pai, e sua mãe, Maria de Sant'Ana Leite Sampaio, desde cedo, reforçou no filho os princípios religiosos — ela era católica fervorosa. Ele respeitava a figura de Deus e seguia os preceitos da Igreja. Contudo, seu grande interesse estava em ocupar sua mente com assuntos espalhados nos livros de Direito, em jornais e sobre política. Em vez de se distrair como os demais jovens, reservava parte de seu tempo para debruçar sobre tudo o que se referisse à arte. Escutava música erudita, aprendia sobre o teatro lírico e as óperas de compositores famosos.

A escolha acadêmica natural seria dentro das ciências humanas. Assim, o jovem sergipano deixou sua cidade natal e começou a cursar a faculdade de Direito no Recife. Porém, deu continuidade à graduação na capital paulista, na Academia de São Paulo — atual Faculdade de Direito da Universidade de São Paulo.

EPIDEMIA DÁ VISIBILIDADE AO INTELECTUAL E DESPERTA SUA HABILIDADE MEDIÚNICA

O ano é 1856. Bittencourt Sampaio ainda não concluiu seu curso e um surto de cólera-morbo assola o país. A doença originária do rio Ganges, na Índia, ao longo do século XIX migra para o Ocidente e, a cada epidemia, se fortifica e causa mais mortes. No Brasil, a bactéria entrou pela região Norte e rapidamente se espalhou pelo Nordeste, descendo pela costa até o extremo sul.

O futuro advogado deixa de lado os livros e as aulas para ajudar a combater a praga, que se proliferava em ambientes com má higiene, através de pessoas e fezes humanas. Bittencourt Sampaio convergiu toda a sua energia para atender os doentes e abrandar a morte daqueles que não tinham como se recuperar. Muitos abrigos estavam lotados e os enfermos perambulavam como moribundos pelas ruas da cidade.

Durante esses dias, Bittencourt Sampaio se descobriu extremamente habilidoso e confiante de que suas atitudes fariam diferença. Mesmo com parcos recursos medicinais, ele colaborava com os médicos a fim de manter a higiene dos ambientes com pessoas infectadas. Com seu carisma e eloquência, pronunciava palavras animadoras, declamava poemas e agradecia a Deus em voz alta.

Sob a admiração dos médicos, ele sentia suas mãos diferentes ao tocar os recipientes com água. A mesma água deixava escorrer pela face dos doentes. Em pouco tempo, muitos apresentavam sinais de melhora. Quando ele notava a reação positiva, parava o que estivesse fazendo para orar em voz alta, como forma de agradecimento. Aflorava, naqueles dias, a mediunidade de cura de Bittencourt Sampaio — característica que o jovem iria desenvolver e trabalhar apenas alguns anos depois.

Em 1859 ele se formou, retornou a Laranjeiras e tornou-se promotor público da região sergipana. Porém, as ambições profissionais de Bittencourt Sampaio eram maiores. Dois anos depois já estava instalado no Rio de Janeiro, com um escritório de advocacia. Aconteceria na mesma cidade a aproximação dele com os ensinamentos da doutrina espírita.

ENTRE O LIBERALISMO E OS VALORES REPUBLICANOS

Ao término do trabalho voluntário de Bittencourt Sampaio durante a epidemia de cólera-morbo, o governo imperial desejou homenageá-lo, oferecendo-lhe a Ordem da Rosa. Mas ele prontamente recusou, pois seus ideais políticos eram diferentes dos da corte. Atitudes como essa só aumentavam a fama do advogado.

Em sua rotina profissional na capital federal, convivia com os mais diferentes casos, de pessoas simples e desprovidas de dinheiro e de formação educacional a pessoas de renome e com carteira recheada. Dali surgiu a ideia de entrar para a vida pública. Seria um político honesto, trabalhando a favor da população e de seus ideais — construídos à custa de muita leitura estrangeira.

Filiou-se ao Partido Liberal e elegeu-se deputado de Sergipe. Frequentou a Assembleia Geral Legislativa da região e, alguns anos depois, foi convidado para ocupar o cargo de presidente do Estado do Espírito Santo. Em 1868, Bittencourt Sampaio retornou ao Rio de Janeiro e o crescente movimento republicano, que ganhava força diariamente, conquistou o advogado e político. Seu engajamento foi tão grande que sua assinatura consta no Manifesto Republicano de 1870, ao lado de outros dissidentes do Partido Liberal e de nomes de peso como o do jornalista Quintino Bocaiúva (responsável por redigir o célebre documento) e do advogado e político Joaquim Saldanha Marinho. Naturalmente, Bittencourt Sampaio participou da fundação do Partido Republicano Federal, em 1873.

Apesar de dedicado à vida política, ele sempre encontrava tempo para colaborar com diversos veículos de comunicação da época, que eram distribuídos entre o eixo Rio-São Paulo. Em seus artigos deixava claro seu posicionamento, por meio de uma linguagem direta e culta. A defesa de seus pontos de vista era respeitada graças também à maneira contundente com que argumentava.

Chegou a ser o primeiro diretor da Biblioteca Nacional do Rio de Janeiro, cargo que antes recebia o título de "bibliotecário". As pessoas indicadas à posição a ocupavam por dois anos.

NO PARALELO, DEDICAÇÃO À ARTE E À POESIA

A intensidade com que Bittencourt Sampaio abraçava as causas republicana e abolicionista também era notada na beleza dos versos que compunha. Nunca deixava de se dedicar à poesia, afinal exercera desde criança essa atividade, como se fosse mais um de seus dons naturais. Contribuía com publicações literárias desde a fase em que cursava a faculdade de Direito.

E ainda com 25 anos fez uma parceria com o compositor paulista Carlos Gomes, que se destacou internacionalmente por suas óperas, em particular *O Guarani*, de 1870. Bittencourt Sampaio contribuiu com os primeiros versos de Carlos Gomes na obra *Quem Sabe*. A seguir os versos da composição que já foi gravada por cantores nacionais e estrangeiros. E, na sequência, um poema de Bittencourt Sampaio denominado *Ai! Quem dera!*, retirado do volume 14 da série Escritores Brasileiros, da editora Thesaurus.

QUEM SABE
(modinha de Carlos Gomes, versos de Bittencourt Sampaio)

Tão longe de mim distante
Onde'irá
Onde'irá teu pensamento?
Tão longe de mim distante
Onde'irá, onde'irá teu pensamento?
Quisera saber agora
Quisera saber agora
Se esqueceste, se esqueceste
Se esqueceste o juramento

Quem sabe se és constante
S'inda é meu teu pensamento!
Minh'alma toda devora
Da saudade, da saudade
Agro tormento

Tão longe de mim distante
Onde'irá
Onde'irá teu pensamento?

Quisera saber agora
Se esqueceste, se esqueceste
O juramento

Quem sabe se és constante
S'inda é meu teu pensamento!
Minh'alma toda devora
Da saudade, da saudade
Agro tormento.

AI! QUEM DERA!
(Bittencourt Sampaio)

Branca flor! ai! quem me dera
Da tua azul primavera
Doces perfumes sentir!
Ler-te as folhas delicadas,
Dos aromas perfumadas
Desses sonhos do porvir!

Ler tua sina, inocente!
E ao sol da vida presente
Os teus mistérios, ó flor!
E nesse brilho a candura
De um'alma singela e pura,
Estrela d'alva do amor!

Na primavera da vida,
Assim de branco vestida
És toda um anjo de Deus!
Ai! Quem me dera num canto
Revelar-te o fogo santo
Que consome os dias meus!

Iria já de mansinho
Dizer-te, como baixinho
Se diz de Deus a oração,
Todos os sonhos de enleio,

Que me lavra aqui no seio
A febre do coração!

E contar-te os meus ciúmes,
Como a rola os seus queixumes,
Como a lira o seu gemer!
E as noites tão mal dormidas!
E as esperanças perdidas
Somente por não te ver!

Ai! quem me dera a teu lado
Esquecer-me do passado,
Sonhando um céu no porvir!

Quem dera todas as dores
Poder trocar por amores,
Que tens, ó flor, a sorrir!

Quem dera ver-te, donzela,
Com o véu de noiva e capela,
E os olhos baixos no chão,
Dar-me de esposa um sorriso,
Prometendo um paraíso
Ao apertar-te a nívea mão!

E depois rubra de pejo,
Tremendo só por um beijo,
Linda, linda como a flor,
Ouvir-te ingênua: 'Eu te amo!
Também de amores me inflamo,
Também suspiro de amor!'

Ai! quem me dera, donzela,
Ouvir-te meiga e singela
Dizer-me cousas assim!
Eu morrera então sonhando,
Doces canções modulando
Num devaneio sem fim!...

Ainda sobre poesia, Bittencourt Sampaio deixou várias obras editadas, entre elas *Flores Silvestres*, *A Nau da Liberdade* e *Nossa Senhora da Piedade*. Depois que desencarnou, através da psicografia de Chico Xavier, transmitiu poesias, com destaque para "À Virgem", "A Maria", "As Filhas da Terra" — todas elas estão no livro *Parnaso de Além-Túmulo*. Adiante segue o poema completo "À Virgem".

À VIRGEM
(Bittencourt Sampaio / psicografado por Chico Xavier)

"Vós sois no mundo a estrela da esperança,
A salvação dos náufragos da vida;
Custódia das almas sofredoras,
Consolação e paz dos desterrados.

Do venturoso aprisco das ovelhas,
De Jesus-Cristo, o Filho muito amado!
Fanal radioso aos pobres degredados,
Anjo guiador dos homens desgarrados;

Do Evangelho de luz do Filho vosso.
Virgem formosa e pura da bondade,
Providência dos fracos pecadores,
Astro de amor na noite dos abismos,
Clarão que sobre as trevas da cegueira;
Expulsa a escuridão das consciências!

Virgem da piedade e da pureza,
Estendei vossos braços tutelares;
A Humanidade inteira, que padece,
Espíritos na treva das angústias,

No tenebroso barato das dores,
Mergulhados nas tredas tempestades,
Do mal que lhes ensombra a mente e a vista;
Cegos desventurados, caminhando;

Em busca de outras noites mais escuras.
Legião de penitentes voluntários,
Afastados do amor que os esclarece!

Anjo da caridade e da virtude,
Estendei vossas asas luminosas;
Sobre tanta miséria e tantos prantos.
Dai fortaleza àqueles que fraquejam,
Apiedai-vos dos frágeis caminhantes,
Iluminai os cérebros descrentes,
Fortalecei a fé dos vacilantes,

Clareais as sendas obscurecidas;
Dos que se vão nos pântanos dos vícios!...
Existem almas míseras que choram,
Amarradas ao potro das torturas,
E corações farpeados de amarguras...
Enxugai-lhes as lágrimas penosas!
Virgem imaculada de ternura,

Abençoai os mansos e os humildes,
Que acima de ouropéis enganadores,
Põem o amor de Jesus, eterno e puro.
Dulcificai as mágoas que laceram,
Pobres almas aflitas na voragem,
Das provações mais rudes e amargosas.

Estendei, Virgem pura, o vosso manto,
Constelado de todas as virtudes,
Sobre a nudez de tantos sofrimentos,
Que despedaçam almas exiladas;
No orbe da expiação que regenera...

Ele será a luz resplandecente;
Sobre a miséria dos padecimentos,
Afastando amarguras, concedendo,
Claridades às estradas pedregosas,
Conforto às almas tristes deste mundo.

Porto de segurança aos viajantes,
Clarão de sol nas trevas mais espessas,
Farol brilhante iluminando os trilhos,
De todos os viajores que caminham,
Pela mão de Jesus doce e bondosa;
O pão miraculoso, repartido;
Entre os esfomeados e os sedentos,
De paz, que os acalente e os conforte!

Virgem, Mãe de Jesus, anjo de amor,
Vinde a nós que na luta fraquejamos,
Ajudai-nos a fim de que a vençamos...
Vinde! Dai-nos mais força e mais coragem,
Derramai sobre nós os eflúvios santos,
Do vosso amor, que ampara e que redime...

Vinde a nós! Nossas almas vos esperam,
Almas de filhos míseros que sofrem,
Atendei nossas súplicas, Senhora,
Providência da pobre Humanidade!...

O ESPIRITISMO COMO DOUTRINA DO POLÍTICO, POETA E ADVOGADO

Desde o despertar da mediunidade de cura de Bittencourt Sampaio, ele passou a estudar os ensinamentos de Allan Kardec a fim de compreender e se aprimorar. Atendia os necessitados e prescrevia receitas homeopáticas. Como espírita receitista frequentava o Grupo Confúcio, no Rio de Janeiro. E em 1876 fundou a Sociedade de Estudos Espíritas Deus, Cristo e Caridade. Depois de alguns anos, por divergências, ele e outros seguidores e médiuns conhecidos se desligaram da instituição e formaram um centro apelidado de Grupo do Sayão. Mais tarde o novo nome dado foi Grupo Ismael e assim permaneceu até os dias de hoje. Dele faziam parte Antônio Luis Sayão e Frederico Júnior — que também tem um capítulo neste livro dedicado à sua história de vida.

Frederico Júnior e Bittencourt Sampaio tinham muita afinidade e, não à toa, logo depois que o sergipano desencarna, seu espírito dita para Frederico três importantes obras: *Jesus Perante a Cristandade, De Jesus para a Criança* e *Do Calvário ao Apocalipse*. Abaixo é reproduzido um trecho de *Jesus Perante a Cristandade*.

CAPÍTULO 8
A VERDADEIRA MORTE: A MORTE DO ESPÍRITO
(Jesus Perante a Cristandade)

"Provada a contradição em que vive a Igreja Católica Apostólica Romana, em face dos princípios consagrados na doutrina de N. S. Jesus-Cristo, o que fez o objeto dos capítulos anteriores, acompanhemos os passos do Senhor, buscando o conhecimento de outras verdades que mais nos atestem a elevação do seu puríssimo Espírito, no desempenho da grandiosa missão de levar pelo caminho da salvação e da felicidade a mísera humanidade, escrava ainda dos seus erros e culpas.

Não é nosso intento, porém, desdobrar aos olhos da cristandade todo o Evangelho, porquanto, nos livros de Allan Kardec, na revelação dada a Roustaing, nos trabalhos de Sayão, Júlio César e tantos outros, encontram os bem-intencionados grande fonte, onde podem beber, à farta, os ensinamentos do Nosso Divino Mestre, velados até então pela má-vontade de uns, ou pela maldade de outros.

Procuremos, pois, ferir os pontos principais, dos quais possamos tirar mais alguma luz para a orientação e compreensão dos textos bíblicos.

Assim, abramos o Evangelho, e, no cap. XI de João, admiremos os prodígios da fé, procurando compreender em espírito e verdade o que se passou na pequena aldeia de Betânia, onde o amigo do Senhor jazia enfermo, provando a morte aparente, para dela ressurgir, dando glória a Deus. (...)"

Contudo, uma das obras literárias de Bittencourt Sampaio, considerada genial, é *A Divina Epopeia*. Ela foi escrita já na condição de grande amigo de Bezerra de Menezes. Elogiada pelo médico espírita, a publicação datada de 1882 refere-se à transformação do Evangelho de João em versos decassílabos. Bittencourt Sampaio utilizou a mesma estrutura adotada por Dante Alighieri em sua *A Divina Comédia* — obra universal iniciada em 1307 e concluída em 1321. *A Divina Epopeia* apresenta 21 cantos. Na abertura de cada um deles há um argumento. Segue parte do Canto I, a fim de ilustrar o belo trabalho de Bittencourt Sampaio.

CANTO I
NO HOMEM VIU-SE UM DEUS BAIXADO À TERRA

(Argumento)
"O Verbo. — O Verbo com Deus. — O Verbo Deus. — O Verbo feito carne; habitou entre os homens e eles o viram. — O mundo não o conheceu. — Ele veio à sua casa e os seus não o receberam. — Ninguém jamais viu a Deus. — O filho unigênito que está no seio do Pai foi quem deu conhecimento dele. — Missão de João e testemunho que ele dá do Verbo. — Testemunho que dá João de si e de Jesus quando os Judeus lhe enviaram seus Sacerdotes e Levitas. — Outro testemunho de João. — Jesus Cordeiro de Deus. — Dois discípulos de João seguem a Jesus. — André levou-lhe seu irmão Pedro. — Felipe e Natanael."

(Poesia)
"No princípio era o Verbo e o Verbo estava
Com Deus; e era Deus o próprio Verbo.
Ele estava com Deus desde o princípio.
Por ele céus e terra se crearam;
E nada do que existe, ou fôra feito,
Fôra feito sem ele.
              A vida estava,
A vida estava nele: e era a vida
A luz dos homens: e essa luz nas trevas
Brilhava resplendente: e as trevas viram-na,

E não puderam compreende-la nunca.

Enviado por Deus um homem houve,
Que chamava-se João. Baixou à terra
Para ser testemunha e dar ao mundo
Testemunho da luz, afim que todos
Por meio dele acreditassem nela.
Ele não era a luz, porém viera
Para a luz atestar — a verdadeira,
Que aos homens alumia.
　　　　　　　Então se achava
O Verbo neste mundo; e o mundo, entanto,
Oh! Não o conheceu. Aos seus viera
E não o receberam; mas, a todos,
Todos quantos aqui o receberam,
Ele deu o poder de se fazerem
Por si filhos de Deus; — a todos quantos
Crêram na terra no seu nome; — a todos
Que nem do sangue, nem da carne fôram
Nascidos — de varão pela vontade —
Mas só de Deus.
　　　　　　　E o verbo fez-se carne,
E habitou entre nós; e nós o vimos,
E a sua glória, a glória do Unigenito
Filho do Pai celeste — aqui tão cheio
De graça e de verdade. (...)"

Bittencourt Sampaio começou mais uma obra da estatura da anteriormente citada. Era 1895. O título seria *A Divina Tragédia do Gólgota*, contudo desencarnou antes de finalizá-la. Bittencourt Sampaio partiu para o plano espiritual no Rio de Janeiro em outubro desse ano e em pouco tempo seu Espírito encontrava canais de comunicação com os médiuns que exercitavam a psicografia.

PARA SABER MAIS

- *A Divina Epopéia*, Francisco Leite de Bittencourt Sampaio
- *Parnaso de Além-Túmulo*, Francisco Cândido Xavier
- *Jesus Perante a Cristandade*, Frederico Pereira da Silva Júnior
- *Do Calvário ao Apocalipse*, Frederico Pereira da Silva Júnior

FREDERICO PEREIRA DA SILVA JÚNIOR

POR DÉCADAS, A PRÁTICA DO BEM ATRAVÉS DE UMA PRODIGIOSA MEDIUNIDADE

Rio de Janeiro, 1858
Rio de Janeiro, 30 de agosto de 1914

Allan Kardec funda o primeiro centro espírita, em 1858, na capital francesa. No mesmo período, em terras brasileiras, a política seguia o comando do imperador Dom Pedro II e a forte influência de sua filha, a princesa Isabel — responsável pela abolição da escravidão 30 anos depois. A segunda metade do século XIX foi marcada por uma incipiente modernização do Brasil, com deslocamento do centro econômico para a região sudeste, a substituição da mão de obra escrava pela assalariada e o surgimento de novos serviços públicos nas principais cidades.

Na capital do Império, a cidade do Rio de Janeiro, aconteciam as primeiras sessões espíritas. No livro *Dom Pedro II e a Princesa Isabel — uma Visão Espírita-Cristã do Segundo Reinado*, o autor Paulo Roberto Viola fala sobre as questões sociais, políticas e econômicas da época, mas também aborda a religião. O posicionamento, principalmente da princesa Isabel, indica sua simpatia para com a nova doutrina, que ganhava adeptos por aqui. Contudo, apesar de o Espiritismo ter defensores importantes, a Igreja Católica persegue com afinco os praticantes da nova religião.

É exatamente nessa fase que encarna Frederico Pereira da Silva Júnior, sempre citado como Frederico Júnior. Ele, acompanhado de renomadas personalidades do Espiritismo, vê a doutrina desabrochar e dedica toda sua vida a divulgá-la da melhor maneira — praticando o bem através de suas múltiplas especialidades mediúnicas.

SUA ORIGEM E SEUS PRIMEIROS PASSOS EM CASA ESPÍRITA

Frederico Júnior era de uma família muito humilde, sem recursos para dar-lhe a oportunidade de estudar. São poucas as informações a seu respeito em seus primeiros 20 anos de vida. Sabe-se, ao menos, que casou-se duas vezes — da primeira, ficou viúvo — e teve filhos. Vivia no Rio de Janeiro e trabalhava como funcionário público.

Em 1878, então com 21 anos, seu padrinho o levou a um centro espírita pela primeira vez. Tratava-se da Sociedade de Estudos Espíritas Deus, Cristo e Caridade. A intenção de Frederico era obter notícias de uma pessoa querida, desencarnada havia algum tempo. Qual não foi o espanto de quem participava da reunião ao notar que o jovem desconhecido entrou em transe sonambúlico, iniciando a partir daquele momento um longo caminho de estudos, aprimoramento e prática de sua mediunidade.

Nesse mesmo ano, o advogado Antônio Luis Sayão convertia-se ao Espiritismo. Ele passou a ser integrante da Sociedade ao lado de Frederico e nomes de peso da doutrina, como Francisco Leite de Bittencourt Sampaio e João Gonçalves do Nascimento.

Meses depois, devido a algumas divergências doutrinárias, o grupo tomou um rumo científico, mudando o nome para Sociedade Acadêmica Deus, Cristo e Caridade. Frederico se desligou dela, junto com seus amigos espíritas. Fundaram, em 1880, o Grupo Espírita Fraternidade. Nele, o médium atuou ativamente, por meio da psicofonia, da clarividência, da clariaudiência, dos efeitos físicos, de cura e da psicografia. Ele e seus companheiros também realizavam eficientes trabalhos de desobsessão.

UMA RELAÇÃO ESTREITA COM O GUIA ESPIRITUAL DO BRASIL

Essa organização espírita a qual Frederico pertencia também era conhecida como Grupo do Sayão ou ainda Grupo dos Humildes. Pouco tempo depois passou a ser chamado Grupo Ismael — nome que mantém até os dias de hoje. Nessa época, a entidade passou a fazer parte da Federação Espírita Brasileira (FEB). Ismael é tido como um Espírito superior que guia o país.

Frederico era quem mais recebia as suas mensagens, ensinamentos e conselhos. Dele e de tantos outros, incluindo até o Codificador Allan Kardec e o célebre "médico dos pobres" Bezerra de Menezes.

Não foram poucas as vezes que Frederico pensou em suicídio. Em uma delas o próprio Ismael impediu que o médium seguisse adiante. Mostrou que sua missão nesta vida era maior.

O VÍNCULO ESPIRITUAL COM BEZERRA DE MENEZES

Frederico e Bezerra conviviam bastante em reuniões espíritas. Tinham uma grande afinidade, o médium pouco letrado e o notável médico que presidiu a FEB em 1889 e entre 1895 e 1900.

Em uma passagem importante para ambos, em 1895, Bezerra procura o Grupo Ismael a fim de saber que decisão tomar, pois havia sido sondado para voltar a ser presidente da FEB. Bittencourt Sampaio recomenda que o amigo aceite, sugerindo que ele estudasse a homeopatia e a prescrevesse também em prol dos necessitados. Bezerra ainda não estava convencido de assumir novamente a função. Porém, numa sessão espírita em que os três estavam presentes, Frederico recebe o Espírito de Santo Agostinho, protetor de Bezerra. Ele orienta o médico que aprofunde seus conhecimentos sobre a homeopatia. Bezerra segue o conselho e também ocupa a presidência da FEB até desencarnar.

Além desse episódio, Frederico era constantemente perturbado por Espíritos de pouca luz, de falanges do mal. Bezerra prescrevia remédios homeopáticos para reduzir a intensidade de suas manifestações mediúnicas e, assim, trazer um pouco mais de equilíbrio e serenidade ao amigo.

A conexão entre os dois era tão forte que 24 horas depois de Bezerra desencarnar, ele fala em uma reunião do Grupo Ismael por intermédio de Frederico. Consola e incentiva os amigos, agradece a Deus, a Jesus e à Virgem Santíssima as bênçãos divinas que recebia no plano espiritual.

E através da médium Yvonne do Amaral Pereira, Bezerra atesta os preciosos dons mediúnicos de Frederico. A mensagem faz parte da obra *A Tragédia de Santa Maria* e adiante segue o trecho que ilustra a honrosa homenagem.

> "(...) existia na capital do País um médium portador de peregrinas qualidades morais e vastos cabedais psíquicos, que dele faziam, sem contestação possível, um dos mais preciosos e eminentes intérpretes da Revelação Espírita no mundo inteiro, em todos os tempos. Encontrava-se ele no apogeu das suas atividades espíritas-cristãs (...) transmitindo do Invisível para o mundo objetivo caudais de luzes e bênçãos, de bálsamos e ensinamentos para quantos dele se aproximassem sequiosos de conhecimentos e refrigérios para as asperidades da existência. Chamava--se ele — Frederico Pereira da Silva Júnior, amplamente relacionado e mais conhecido com a singela abreviatura de — Frederico Júnior. Tão nobre obreiro da Seara Cristã repartia-se em múltiplas modalidades de serviços mediúnicos, dedicado e fraterno até à admiração, porquanto seus dons psíquicos, variados e seguros, obtinham também, do Além-túmulo, as mais lúcidas revelações, relatando para os interessados empolgantes realidades espirituais."

> "Em tempo de discórdia, a voz do Codificador
> Próximo da virada do século XIX para o XX, os espíritas
> brasileiros passavam por um período de divergências,
> dúvidas e rivalidades. A essência apaziguadora de Bezerra
> de Menezes parecia não surtir efeito. Na obra entitulada
> *Bezerra de Menezes*, o escritor Canuto Abreu destaca o
> aviso de Allan Kardec transmitido através de Frederico
> Júnior. A mensagem foi recebida em 5 de fevereiro de 1889.
> "Eis que se aproxima para mim o momento de cumprir
> minha promessa, vindo fazer convosco em particular e
> com os espíritas em geral um estudo rápido e conciso,
> sobre a marcha da nossa doutrina nesta parte do planeta. É
> natural que a vossa bondade me forneça para isso o ensejo,
> na próxima sessão prática, servindo-me do médium com a
> mesma passividade com que o tem feito das outras vezes.
> A ele peço, particularmente, não cogitar de forma da nossa
> comunicação, não só porque dessa cogitação pode advir
> alteração dos pensamentos, como ainda porque acredito
> haver necessidade, sem ofensa à sua capacidade intelectual,
> de submeter a novos moldes, quanto à forma, aquilo que
> tenho dito e vou dizer em relação ao assunto."

Frederico não apenas seguiu os pedidos de Kardec como, realmente na sessão seguinte, manifestou-se através dele o Espírito do Codificador. Essa passagem reforça a importância e a dedicação com que o médium desenvolvia seu trabalho com o objetivo de difundir a doutrina espírita. Abaixo, alguns trechos das instruções transmitidas por Kardec. O conteúdo encontra-se na íntegra no início do livro *A Prece Segundo o Evangelho*, assinado por Kardec e publicado pela FEB.

> "Paz e amor sejam convosco
> Que possamos ainda uma vez, unidos pelos laços da
> fraternidade, estudar essa doutrina de paz e amor, de
> justiça e esperanças, graças à qual encontraremos a
> estreita porta da salvação futura — o gozo indefinido e
> imorredouro para as nossas almas humildes.

Antes de ferir os pontos que fazem o objetivo da minha manifestação, devo pedir a todos vós que me ouvis — a todos vós espíritas a quem falo neste momento — que me perdoem se porventura, na externação dos meus pensamentos, encontrardes alguma coisa que vos magoe, algum espinho que vos vá ferir a sensibilidade do coração. O cumprimento de dever nos impõe que usemos de linguagem franca, rude mesmo, por isso que cada um de nós tem uma responsabilidade individual e coletiva e, para salvá-la, lançamos mão de todos os meios que se nos oferecem, sem contarmos muitas vezes com a pobreza de nossa inteligência, que não nos permite dizer aquilo que sentimos sem magoar, não raro, corações amigos, para os quais só desejamos a paz, o amor e as doçuras da caridade. Certo de que ouvireis a minha súplica; certo de que, falando aos espíritas falo a uma agremiação de homens cheios de benevolência, encetei o meu pequeno trabalho, cujo único fim é desobrigar-me de graves compromissos, que tomei para com o nosso Criador e Pai.

(...)
Sendo assim, a esse pedaço de terra a que chamamos Brasil, foi dada também a revelação da revelação, firmando os vossos espíritos, antes de encarnarem, compromissos de que ainda não vos desobrigastes. E perdoai que o diga: tendes mesmo retardado o cumprimento deles e de graves deveres, levados por sentimentos que não convém agora perscrutar.
Ismael, o vosso Guia, tomando a responsabilidade de vos conduzir ao grande templo do amor e da fraternidade humana, levantou a sua bandeira, tendo inscrito nela — DEUS, CRISTO E CARIDADE. Forte pela sua dedicação, animado pela misericórdia de Deus, que nunca falta aos seus trabalhadores, sua voz santa e evangélica ecoou em todos os corações, procurando atraí-los para um único agrupamento onde, unidos, teriam a força dos leões e a mansidão das pombas; onde unidos, pudessem afrontar

todo o peso das iniquidade humanas; onde entrelaçados num único segmento — o do amor — , pudessem adorar o Pai em espírito e verdade; onde se levantasse a grande muralha da fé, contra a qual viessem quebrar-se todas as armas dos inimigos da luz; onde, finalmente, se pudesse formar um grande dique à onda tempestuosa das paixões, dos crimes e dos vícios que avassalam a Humanidade inteira!

(...)

Onde, torna a perguntar, a segurança da vossa fé, a estabilidade da vossa crença, se tendo uma única doutrina para apoio forte e inabalável, a subdividis, a multiplicais, ao capricho das vossas individualidades, sem contar com a coletividade que vos poderia dar a força, se constituíssem um elemento homogêneo, perfeitamente preparado pelos que se encarregam da revelação?

Mas onde a vantagem das subdivisões? Onde o interesse real para a doutrina e seu desenvolvimento, na dispersão que fazeis do vosso grande todo, dando já desse modo um péssimo exemplo aos profanos, por isso que pregais a fraternidade e vos dividis cheios de dissensões?

Onde as vantagens de tal proceder? Estarão na diversidade dos nomes que dais aos grupos? Por que isso? Será porque este ou aquele haja recebido maior doação do patrimônio divino? Será porque convenha a propaganda que fazeis?

Mas para propaganda precisamos dos elementos constitutivos dela. Pergunto: onde está a Escola de Médiuns? Existe?

Porventura os homens que têm a boa vontade de estudar convosco os mistérios do Criador, preparando seus Espíritos para o ressurgir na outra vida, encontram em vós os instrumentos disciplinados — os médiuns perfeitamente compenetrados do importante papel que representam na família humana e cheios dessa seriedade, que dá uma idéia exata da grandeza da nossa doutrina?

Ou a vossa propaganda se limita tão somente a falar

do Espiritismo? Ou os vossos deveres e as vossas responsabilidades, individuais e coletivas, se limitam a dar a nota do ridículo àquele que vos observam, julgando-vos doidos e visionários?
Meus amigos! Sei quanto é doloroso tudo isto que vos digo, pois que cada um dos meus pensamentos é uma dor que repassa profundamente o seu espírito. Sei que as vossas consciências sentem perfeitamente todo o peso das verdades que vos exponho. Mas eu vos disse ao começar: temos responsabilidades e compromissos tomados, dos quais procuramos desobrigar-nos por todos os meios ao nosso alcance. Se completa não está a minha missão na terra, se mereço ainda do Senhor a graça de vir esclarecer a doutrina que aí me foi revelada, dando-nos nossos conhecimentos compatíveis com o desenvolvimento das vossas inteligências, se vejo que cada dia que passa da vossa existência — iluminada pela sublime luz da revelação, se produzirdes um trabalho na altura da graça que vos foi concedida — é um motivo de escândalo para as vossas próprias consciências; devo usar desta linguagem rude do amigo, a fim de que possais, compenetrados verdadeiramente dos vossos deveres de cristãos e de espíritas, unir-vos num grande agrupamento fraterno, onde — avigorados pelo apoio mútuo e pela proteção dos bons — possais enfrentar o trabalho extraordinário que vos cumpre realizar para a emancipação dos vossos Espíritos, trabalho que inegavelmente ocasionará grande revolução na Humanidade, não só quanto à parte da ciência e da religião, como também na dos costumes!

(...)
E, lendo, compreendendo, chamai-me todas as vezes que for do vosso agrado ouvir a minha palavra e eu virei esclarecer os pontos que achardes duvidosos. Virei, em novos termos, se for preciso, mostrar-vos que

esse lado que vos parece fácil para a propaganda
da vossa doutrina é o maior escolho lançado
no vosso caminho, é a pedra colocada às rodas do
vosso carro triunfante e será, finalmente, o motivo
da vossa queda desastrosa, se não empenham
numa tão grande causa, Permita Deus que os
espíritas, a quem falo, que os homens, a quem
foi dada a graça de conhecerem em Espírito
e verdade a doutrina de Nosso senhor Jesus Cristo,
tenham a boa vontade de me compreender, a boa
vontade de ver nas minhas palavras unicamente o
interesse do amor que lhes consagro.

Allan Kardec"

AS HISTÓRIAS E OS ENSINAMENTOS A PARTIR DA PSICOGRAFIA DE FREDERICO

Muitas mensagens recebidas pelo médium e alguns outros que trabalhavam também no Grupo Ismael, foram organizadas por Antônio Sayão e levadas a público com o título *Elucidações Evangélicas*. Atualmente esse material só existe para consulta em bibliotecas e no museu da FEB, em Brasília.

Bittencourt Sampaio desencarnou em 1895 e dois anos depois já encontrou em seu amigo médium Frederico, o canal ideal para ditar seus ideais cristãos.

Em uma bela mistura literária e doutrinária, o trabalho dessa dupla afinada gerou três obras publicadas entre o fim do século XIX e o início do século XX.

A primeira edição do título *Jesus Perante a Cristandade* foi lançada pela FEB em 1898.

A obra com 11 capítulos aborda a essência da mensagem cristã a partir da narrativa da vida de Jesus, com todos os acontecimentos que a cercaram, do nascimento à sua morte e ressureição.

A seguir, foram selecionados três trechos de distintos capítulos para que se possa ter uma ideia do trabalho mediúnico desenvolvido pela parceria entre Frederico e o Espírito Bittencourt Sampaio.

CAPÍTULO II
NASCIMENTO DO DIVINO MESTRE

"(...) o povo era chamado em massa ao recenseamento, e a cidade era pequena, José e Maria não encontraram o conforto da estalagem nem da casa de amigos para se recolherem; todos os lugares estavam tomados e os dois santos peregrinos tiveram de se abrigar na palhoça de um simples estábulo, para fugirem às inclemências da estação. E assim o homem, julgando coagir um povo livre ao domínio de sua vontade, dava lugar a que se realizassem as profecias, fazendo com que a Virgem Santíssima buscasse, em Belém, dar à luz, segundo o pensar daqueles povos, o Deus menino — o Salvador de Israel.
Começa N. S. Jesus Cristo, no seu próprio nascimento, dando ao mundo o mais extraordinário exemplo de humildade. Começa ele provocando um grande escândalo na Judéia, indo buscar para lugar do seu aparecimento na Terra uma humilde palhoça, quando o povo judeu, tomando à letra e sempre à letra todas as instruções dos profetas, acreditava que o Messias prometido seria um dos maiores reis da Terra, governando materialmente a Judéia, estabelecendo um reinado tão grande, tão imenso, que viesse absorver todos os reinos, todos os impérios. (...)"

CAPÍTULO V
JESUS É A RESSUREIÇÃO E A VIDA

"'Eu sou a ressurreição e a vida', disse N. S. Jesus-Cristo; a ressurreição e a vida, infelizmente ainda não compreendidas por aqueles que esposaram a sua santa doutrina.
Falando à samaritana, o Amantíssimo Mestre não se referiu à ressurreição da carne, como entendiam os judeus, mas ao ressurgimento da alma pecadora, ao desprendimento do Espírito delinqüente das cadeias da matéria para a vida propriamente dita — a vida do espírito.

É esse o único entendimento que poderemos dar à lição do Mestre Divino, desde que seriamente meditemos sobre as palavras do Evangelho. Ressurgir, ter vida, progredir, buscando incessantemente o objeto de todas as suas aspirações — tal é o destino da criatura, tal a vontade do Criador, tais os desejos do Divino Mestre!
Ressurgir, não mais provar a morte, isto é, não mais voltar ao sepulcro de carne para depurar crimes e faltas de existências passadas, eis a verdade que ensinou o Divino Cordeiro, dizendo: 'Eu sou a ressurreição e a vida; quem em mim acredita, quem segue a minha doutrina, exemplificando-a pela prática incessante do amor ao próximo, jamais provará a morte. (...)'"

CAPÍTULO XI
O CONSOLADOR ENTRE OS HOMENS

"(...) Está, pois, sobre a terra o Consolador — o Espiritismo; e vós, espíritas, trabalhadores da última hora, permiti que o mais humilde servo do Senhor vos chame a atenção para as responsabilidades que vos pesam sobre os ombros. Lembrai-vos que, assim como a Igreja deturpou os ensinamentos do Amado Mestre, possível é também que alguém tente deturpar os ensinamentos da Doutrina Espírita, que é o reflexo do Código Divino.
(...)

Considerai que, assim como a Casa de Deus foi transformada em mercado de sacramentos e de indulgências, é possível também que alguns dos que se dizem espíritas procurem fazer da sua oficina de trabalho o meio de satisfação dos seus interesses individuais!
Mas, ai dos que assim praticarem! Melhor fora que nunca tivessem lido esse livro de salvação, melhor fora nunca terem compreendido Deus!
Espíritas, lembrai-vos de que Jesus vos escolheu para a reivindicação das verdades que ele proferiu na Terra. (...)"

Outra obra que não está mais disponível em novas edições é *Jesus para as Crianças* (1901). Através dos registros de Frederico, Bittencourt Sampaio usa uma linguagem direta e simples para transmitir os ensinamentos do Evangelho. Por muito tempo essa publicação era utilizada nos cursos de evangelização infantil ministrados pelas instituições vinculadas à FEB.

A terceira grande obra do Espírito de Bittencourt Sampaio psicografado por Frederico foi *Do Calvário ao Apocalipse* (1907). Nela, o autor analisa os Atos dos Apóstolos e o Apocalipse. No prefácio, ele conversa com Maria, mãe de Jesus, e evoca seu Espírito para ajudá-lo no trabalho que desenvolve nas páginas seguintes. Eis uma pequena parte desse prefácio.

> "(...) Ao teu seio imaculado se acolhe, ó! Virgem Pura, o meu espírito! Dá, Senhora, que da coroa que te circunda a fronte de Soberana dos Céus, um raio se desprenda, iluminando a minha inteligência, para que eu possa, seguindo a trilha dos Apóstolos e revelando toda a grandeza dos ensinamentos que encerram os seus 'Atos', chegar ao 'Apocalipse', traduzindo perante os meus irmãos da Terra, todo esse grandioso 'Sonho de Verdade', de João Evangelista.
> Bem sei, ó Mãe Santíssima, quanto ao nosso espírito, ainda tão fraco, vai custar esse arrojo! Mas, assim como a Graça do Senhor me concedeu que por ti fosse hoje ouvida a minha prece, em prol dos meus irmãos, assim também creio que chegarei ao termo da jornada, a despeito até mesmo da vontade de todos esses infelizes, convivas insaciáveis do banquete de sangue do Calvário!
> E, se é certo que é de espinhos a tarefa, eu a enceto, ó Virgem Santa, no teu glorioso dia, para que me não deixes só na umbrosa estrada que pretendo percorrer, para mais divulgar, se de divulgação ainda precise, o nome sacrossanto do teu Dileto Filho. (...)"

UMA DESPEDIDA SERENA

Frederico dedicou-se a registrar as comunicações com Espíritos por 34 anos. Colocou sua mediunidade a serviço da espiritualidade superior. Nos últimos anos de vida, lutava contra a tuberculose. A última mensagem do Além que recebeu é datada de 11 de junho de 1914. Ele desencarnou aos 56 anos, no dia 31 de agosto do mesmo ano. Pedro Richard, seu amigo e companheiro do Grupo Ismael, descreveu a partida do médium de forma profunda, sensível e poética.

> "Após dolorosa enfermidade, Frederico Júnior, sem uma queixa e achando que justo era seu sofrimento, desencarnou. Deixou fotografado no éter um belo quadro que traduz bem a grandeza de seu espírito e a pureza de sua crença. Quero me referir ao que passou nos seus últimos momentos:
> Reunindo a família, ora ele próprio uma Ave Maria, e ao terminar a sublime prece, seus lábios emudecem; cerram-se as pálpebras e seu espírito ala-se aos páramos celestes. É assim que desencarnam os filhos de Maria."

PARA SABER MAIS

- *Grandes Espíritas do Brasil*, Zêus Wantuil
- *Dom Pedro II e a Princesa Isabel — uma Visão Espírita-Cristã do Segundo Reinado*, Paulo Roberto Viola
- *A Tragédia de Santa Maria*, Yvonne do Amaral Pereira
- *A Prece Segundo o Evangelho*, Allan Kardec
- *Jesus Perante a Cristandade*, Frederico Pereira da Silva Júnior
- *Do Calvário ao Apocalipse*, Frederico Pereira da Silva Júnior

INÁCIO BITTENCOURT

O BARBEIRO QUE CURAVA OS MALES FÍSICOS E DA ALMA COMO MÉDIUM RECEITISTA

Açores (Portugal), 19 de abril de 1862
Rio de Janeiro, 18 de fevereiro de 1943

Os janelões do sobrado já dão pistas da idade da construção. O endereço antigo data do início do século XX. Assim como a placa da farmácia homeopática que funciona ali atualmente — em Botafogo, próximo à Baía de Guanabara, na capital fluminense. O comércio preservou a grafia original da época, é uma pharmacia. No segundo andar, médicos homeopatas atendem seus clientes.

Porém, a casa, na década de 1910, foi o primeiro endereço do Círculo Espírita Cáritas, fundado pelo médium receitista Inácio Bittencourt e outros dois seguidores da doutrina, Samuel Caldas e Viana de Carvalho. Inácio presidiu o centro até desencarnar, participava de reuniões e sessões de estudo, além de prescrever receitas e medicamentos homeopáticos a quem precisasse. Essa era mais uma das muitas instituições que esse português naturalizado brasileiro fundou com o intuito de acolher e dar assistência aos mais necessitados, de crianças órfãs a adultos doentes e idosos.

DO ARQUIPÉLAGO DOS AÇORES À CAPITAL FEDERAL

Inácio Bittencourt nasceu em uma das inúmeras ilhas que compõem o arquipélago açoriano. Por lá mesmo, frequentou a escola até ter cerca de 10 anos. Depois disso, os bancos da sala de aula nunca mais receberam o menino sério, de boa índole. Movido por sua intuição, Inácio veio sozinho para o Brasil, aos 13 anos. Instalou-se no Rio de Janeiro com os poucos recursos que conseguiu trazer e da cidade nunca mais saiu.

Seu ganha-pão vinha das tarefas desempenhadas como barbeiro, atividade que aprendeu na própria capital federal. Levava uma vida modesta e sabia que era em sua nova terra natal que encontraria seu motivo maior para seguir um caminho digno e de alegria, praticando o bem. Enriquecimento podia ser o que mais movia os imigrantes na época, mas Inácio não se enquadrava nesse perfil.

A DESCOBERTA DE UM DOM

Quando estava com 20 anos, Inácio ficou gravemente doente. Como uma das tentativas de se curar, aceitou a sugestão de ir visitar um médium no centro do Rio de Janeiro. O trabalho espiritual realizado trouxe de volta a vitalidade e restabeleceu a boa saúde do jovem. A eficiência do procedimento aguçou sua curiosidade, que questionou seu "médico salvador". Na resposta, estava o universo de Allan Kardec a ser desvendado. Esse encontro mudou a vida de Inácio para sempre. A seguir, a troca de palavras entre o experiente médium e o futuro médium, que em breve descobriria sua aptidão natural em prol da cura do próximo.

> "Não sendo o senhor médico, não indagando quais eram os meus padecimentos e não me tendo auscultado ou apalpado qualquer um dos órgãos, como pôde curar-me?"

> "Leia *O Evangelho Segundo o Espiritismo* e *O Livro dos Espíritos*. Medite bastante e neles encontrará a resposta para a sua indagação."

Inácio mergulhou nas páginas que norteiam a doutrina espírita. Não demorou a notar que a mediunidade era algo natural nele, surgiu espontaneamente e dessa forma funcionou sempre. Transformou-se em um médium receitista de primeira linha e atendia em sua própria casa quem o procurava. O periódico *Reformador*, da Federação Espírita Brasileira (FEB), fez uma homenagem a Inácio logo depois que desencarnou, em 1943. No trecho abaixo, eis a descrição à altura da importância de suas atividades para com os carentes.

> "(...) as curas, por seu intermédio, se multiplicavam, assumindo não poucas o caráter de assombrosas. Inúmeras vezes, considerado perdido o caso, um apelo de Inácio Bittencourt era o recurso extremo e a volta da saúde ao enfermo se verificava, com espanto dos que ansiavam, porém já descriam, do seu restabelecimento, operando-se, em conseqüência e em muitíssimas ocasiões, surpreendentes conversões ao Espiritismo. (...)"

Por se destacar como excelente curador, depois que seu nome passou a ser conhecido em praticamente toda a cidade, Inácio tornou-se alvo de órgãos da Saúde Pública. Vários processos judiciais foram movidos contra ele, sob a acusação de exercício ilegal da medicina. Afinal ele não era médico formado, mas prescrevia medicamentos e curava doentes. Foi absolvido em todas as ocasiões.

Além disso, Inácio mostrou-se um carismático e eloquente conferencista. Apesar do baixo grau de instrução educacional, Inácio se dedicava à divulgação evangélica nas tribunas da FEB e em centros espíritas. A facilidade com que se comunicava despertou o interesse de políticos, que o viam como potencial candidato a um cargo legislativo. Inácio se esquivou; seu objetivo eram mesmo as obras de caridade. No mesmo exemplar do *Reformador*, citado anteriormente, também é destacada sua capacidade de oratória.

> "(...) Era então de causar pasmo, e pasmo geral, ouvi-lo, a ele, que não lograra dispor de ampla cultura intelectual, discorrer de maneira fluente, até com eloqüência muitas vezes, sobre o ponto em estudo, proferindo discursos ricos de belas imagens e de conceitos profundos, que seriam de impressionar e abalar os ouvintes, mesmo quando enunciados por mentalidades de vasta erudição científica e filosófica. (...)"

Entre a capital federal e Juiz de Fora, existe o município de Três Rios, ainda no Estado do Rio de Janeiro. Nessa cidade, houve um episódio tocante, durante uma conferência ministrada no Centro Espírita Fé e Esperança. Abaixo são reproduzidas as descrições encontradas no livro *Seareiros da Primeira Hora*, de Ramiro Gama.

> "(...) Foi dada a palavra a Inácio Bittencourt. Calmo, limpou a pencinez com um lenço alvo. Bebeu água e olhou o auditório. E seu olhar possuía algo que nos comovia. Parecia que alguém o vestia de luz, tão calmo se nos parecia.
> Com gestos comedidos, começou a falar. Proclamava o Espiritismo como algo sublime, mas tão pouco compreendido e, por último, combatido. Demonstrou-no-

-lo como ciência, depois como filosofia e, por último, como religião. A palavra lhe saía dos lábios fácil como uma água cristalina de uma fonte. Não titubeava. Vinha-lhe a idéia espontânea, a calhar.
Deslumbrou-nos, sensibilizou-nos.
Citou fatos. Lembrou as perseguições sofridas no apostolado mediúnico. Demorou-se, demonstrando-nos como o Espiritismo consola e salva, citando fatos obtidos entre seus consulentes, doentes da alma e do corpo.
Satisfez, contentou, alimentou de luz a enorme assistência. A sessão terminou deixando no ar algo que não entendíamos, mas que nos dava bem-estar, uma alegria interior.
Cá fora, ouvimos que [o médico] Zacheu Esmeraldo comentava com alguém:
— Fiquei surpreso. Como pode saber tanto uma criatura que foi meu barbeiro na rua Voluntários da Pátria!...
E esse alguém lhe respondeu inspiradamente:
— No Espiritismo é assim, os que se fazem menores, mais humildes, são os que merecem, como Inácio mereceu, a ajuda do Alto e realizar, como ele realizou, um trabalho do Senhor!
E fomos para casa, levando dentro de nós o comentário ouvido.
Então, tinha de ser assim. O Espiritismo era mesmo uma Verdade. E, para ser compreendido, era preciso que o procurássemos, pelo menos, vestidos de humildade. (...)"

NO COMANDO DE UM JORNAL POR DÉCADAS

Em 1913, Inácio criou um veículo quinzenal batizado de *Aurora*. Por mais de 30 anos dirigiu o jornal que publicava mensagens de Espíritos importantes para a disseminação da doutrina. Quem desejar folhear alguns exemplares originais pode se dirigir à Biblioteca Nacional, no Rio de Janeiro. Também havia espaço para repercutir a inauguração de associações, centros espíritas e outras entidades que ofereciam assistência e orientação aos interessados em saber mais sobre a doutrina.

Aurora, depois de seis anos de circulação, já tinha uma tiragem de 4 mil exemplares. E esse volume aumentou para 10 mil no ano seguinte, em 1920. Entre as curiosidades que brotaram da detalhada pesquisa sobre esse veículo de comunicação, realizada por João Marcos Weguellin e que faz parte do livro *Inácio Bittencourt — O Apóstolo da Caridade*, está a passagem que ilustra o incômodo causado pela doutrina espírita à Igreja Católica. *Aurora* reproduziu a mensagem divulgada pelos católicos em todos os jornais cariocas da época, que era:

> "A Câmara Eclesiástica do Arcebispado fez baixar ontem o seguinte aviso aos católicos: De ordem do Monsenhor D. Maximiano da Silva Leite, Vigário Geral do Arcebispado, aviso aos católicos que o Abrigo Tereza de Jesus para a Infância Desvalida, com sede provisória à Rua São Cristóvão número 33, é uma Associação Espírita e, como tal, condenada pela Igreja", sendo aos católicos vedado concorrer com donativos para a propaganda dessa instituição. Rio de Janeiro, 30 de outubro de 1919."

O referido abrigo foi uma das casas criadas por Inácio Bittencourt e seus colegas. Até hoje ela funciona no Rio de Janeiro, com o objetivo de acolher crianças órfãs.

O jornal quinzenal passou a 20 mil exemplares em 1921. Nesse ano, nomes importantes do Espiritismo deixaram seus registros nas páginas do veículo, entre eles Bezerra de Menezes, Aura Celeste e até o Espírito de Santo Agostinho. Por volta de 1930, *Aurora* atingiu os 40 mil exemplares de tiragem por edição. Todo o trabalho era orquestrado por Inácio, responsável por dar o O.K. final ao conteúdo que preenchia as quatro páginas do periódico.

AS MENSAGENS EM VIDA E COMO ESPÍRITO

Inácio atendia pessoas o dia inteiro. Contudo encontrava tempo para escrever textos que transmitiam os ensinamentos espíritas de forma direta e simples. Adiante, seguem trechos que ilustram bem seu conhecimento e sua intenção de esclarecer e converter pessoas desiludidas com a vida a seguir os ensinamentos do Evangelho. Algumas mensagens ele mesmo escreveu e outras foram psicografadas por médiuns que se comunicavam com Inácio depois que ele desencarnou, aos 80 anos.

ALLAN KARDEC
(Mensagem publicada no "Reformador", de outubro de 1895 e de outubro de 1949)

"Mestre! Na constelação brilhante da moral, Jesus é o Astro-Rei; Sócrates, Platão, Confúcio, Moisés, e muitos outros, fulguram na noite do passado.
Vós sois o satélite rutilante que, na escuridão descrente do século das luzes, viestes iluminar a inteligência humana e dar crença à alma sedenta de amor e de verdade.
Filho de vossa clareante doutrina, um ente da luz que o Astro irradia, espero com fé a radiosa aurora, de futuro próximo, de paz e de amor, o amplexo doce e sorridente que nos trará Aquele, de que vós, na estrada do progresso, sois o transmissor da moral e da verdade.
Mestre, ala-se meu ser humilde aos pés do Pai, e pede, consciente de ser ouvido, uma centelha mais de sua luz, um átomo mais do seu puro amor, para mais e mais irradiar amoroso, que, no século das luzes, foi a luz do século."

HOJE E AMANHÃ
(Mensagem publicada no "Reformador", de fevereiro de 1903)

" (...) Os nossos filhos de hoje serão talvez nossos avós, e os sentimentos que implantarmos hoje em seus corações, os exemplos que lhes dermos, eles os farão produzir e frutificar, no novo meio, lançado às bases da nova ordem social e moral, que nos atingirá de fato a nós mesmos, como prêmio ou castigo do bom a mau uso que tenhamos feito dos ensinos de Jesus, mediante a revelação trazida pelo Espiritismo, de que nos presumimos portadores e apóstolos.

É, portanto, nosso dever dar o exemplo de tolerância, caridade e indulgência às faltas de nossos semelhantes, pontificando no lar, como no convívio social, o amor e a humildade, os sentimentos de paz e de justiça, por essa forma cimentando nos corações a resignação e a fé, numa palavra, preparando as novas gerações para o verdadeiro reinado do Cristianismo, cujos elevados ideais, postos em prática, trarão a calma aos desassossegos da hora presente, por encerrarem a solução de todos os problemas que nos agitam e o segredo da felicidade individual e social que o homem e a humanidade aspiram.
Sabemos que a nossa época é de transição; que elementos de treva, aferrados à ignorância interesseira do passado, escravizados à estática do dogmatismo, ou ainda à fatuidade científica, nos oferecem luta, e lista sem tréguas. Sejamos fortes, dando combate a esse inimigo que está em nós mesmos, porque o ódio, a ignorância, a maldade, de quem quer que seja, não nos afetarão, se em nós não encontrarem a necessária e correspondente afinidade. (...)"

JESUS
(Mensagem publicada no "Reformador" de dezembro de 1906)

"Do oriente é que irrompe o dia; do oriente é que vem a luz; e do amor na doce aurora nasce o imáculo Jesus. Quando mais densas as sombras iam do mal sobre a terra, e a onda das ambições, que a maior desgraça encerra, empolgava os corações, desce do céu a humildade, a indulgência, a caridade, expondo-se às multidões.
Nem pompas, fausto ou grandeza, nem berço douro e arminhos, mas do pobre a singeleza, cantando pelos caminhos magos cantos de alegria, que evocam doce esperança no coração de Maria.
Senhor da paz e da fé, rei da luz e da verdade — ei-lo, o fanal da esperança, branca flor da caridade.
Saudemos, pois, jubilosos, cheios de santa emoção, ao que vai reinar para sempre sobre o nosso coração.

Como os pastores outrora, hosana ao Pai entoemos, e de seu filho os ensinos, pelos exemplos preguemos, e assim calmos e firmes, carreguemos nossa cruz, por Cireneus nossos guias, por fanal a sua luz.

Sejamos com ele só, como com o Pai ele um é; seja a Caridade o lema, tendo como escudo a Fé; para que o mundo conheça que é vindo o Consolador realizar a promessa feita pelo Redentor."

VISÃO NOVA
(Mensagem psicografada e publicada no livro "Falando à Terra", de Francisco Cândido Xavier)

"Você pergunta quais as primeiras sensações do 'eu', além da morte, e eu devo dizer, antes de tudo, que é muito difícil entender, na carne, o que se passa na vida espiritual.

As ilusões da vida comum são demasiado espessas para que o raio da verdade consiga varar, de pronto, a grossa camada de véus que envolvem a mente humana.

Há vastíssima classe de pessoas que se agarram às situações interrompidas pelo túmulo com o desespero somente comparável às crises da demência total.

Para nós, entretanto, que possuímos algum discernimento, por força da autocrítica, que não somos nem santos nem criminosos, as impressões iniciais de além-túmulo são de quase aniquilamento.

Só então percebemos a nossa condição de átomos conscientes. À nossa frente, os valores diferem numa sucessão de mudanças imprevisíveis. Há transformações fundamentais em tudo o que nos cerca.

O que nos agradava é, comumente, razão para dissabores, e o que desprezávamos passa a revestir-se de importância máxima.

A intimidade com os outros mundos, tão celebrada por nós, os Espiritistas, continua a ser, como sempre, um grande e abençoado sonho... De quando em quando, o obreiro prestimoso, na posição do aprendiz necessitado de estímulo, é agraciado com uma ou outra excursão de mais largo vôo, mas sempre condicionado a horário curto e a possibilidades restritas de permanência fora do seu habitat, o que também ocorre aos investigadores da estratosfera que vocês conhecem aí: viagens apressadas e rápidas, com limitação de ausência e reduzidos recursos de sustentação. Incontestavelmente, grandes vultos da Humanidade gloriosamente vivem em outros climas celestes. Mas, falando da esfera em que nos encontramos, compete-me afirmar que é ainda muito remota para nós qualquer transferência definitiva para outros lares suspensos da nossa comunidade planetária.

(...)

Sentindo-nos, assim, quase na condição de ameba pensante, somos, depois do transe carnal, naturalmente constrangidos a singulares metamorfoses do senso íntimo. Sempre nos supomos figuras centrais no mundo e acreditamos ingenuamente que o nosso desaparecimento perturbará o curso dos seres e das coisas. Contudo, no dia imediato ao de nossa partida, quando é possível observar, reparamos que os corações mais afins com o nosso providenciam medidas rápidas para a solução de quaisquer problemas nascidos de nossa ausência.

Se deixamos débitos sob resgate, pensamentos pungentes daí se desfecham sobre nós, cercando-nos de aflições purgatoriais. E se algum bem material legamos aos descendentes, é preciso invocar a serenidade para contemplarmos sem angústia os tristes aspectos mentais que se desenham ao redor do espólio.

A vida, porém, prossegue imperturbável e nós precisamos acompanhar-lhe o ritmo na ação renovadora e constante.

(...)"

UMA PODEROSA ADVERTÊNCIA
(Mensagem psicografada por Yvonne do Amaral Pereira e publicada no livro Yvonne do Amaral Pereira — O Voo de uma Alma, *de Augusto Marques de Freitas)*

"(...) Inácio Bittencourt, em sua Resposta à consulta de um amigo, amigo esse que se tornara Orientador de Mocidade, e que agora lhe indagava se seria lícito fazer-se de uma Casa Espírita um auditório de teatro ou sala de concerto etc.:
(...)
'Não, meu amigo, não faças do teu Centro Espírita um palco, uma ribalta, um ambiente confuso, onde se abrem trabalhos em nome de Deus e de Jesus, para depois se permitirem festanças e teatralices que nos entristecem, a nós outros, trabalhadores do lado de cá, pois que, ainda que apresentasses NOTURNOS do melodioso Chopin, SONATAS do erudito Beethoven e CONCERTOS do incomparável Mozart, ainda assim não te poderíamos aplaudir, porque a Humanidade precisa mais do amor do Cristo e da ciência de si mesma do que das peças de qualquer desses três gênios... e, em seguida, porque... a música, o teatro, as festas que o invisível nos proporciona, a nós desencarnados, são de tal ordem que até mesmo Chopin, Beethoven e Mozart pareceriam insípidos diante delas... e ainda porque, meu querido amigo, não será através dos já citados forrobodós, das 'soirrés' e noitadas 'artísticas' dentro dos Centros Espíritas que tu e todos os demais espíritas alcançarão um local feliz no Além-túmulo, mas com o verdadeiro Amor, o verdadeiro Trabalho e o verdadeiro Conhecimento em favor uns dos outros e pelo amor da Verdade!
Espera meu amigo... Lembrei-me de uma coisa:
— Não tarda a volta do esposo... Relê, estudando, a parábola das Virgens Loucas e das Virgens prudentes... Esse ensinamento é de muita atualidade... e vejo que tu precisas dele para ensinares os teus pupilos a obter o azeite para que tenham a candeia bem acesa...
Do teu velho amigo, Inácio Bittencourt.'"

EM FAVOR DO ESPIRITISMO
(Mensagem psicografada por Gilberto Campista Guarino e publicada no "Reformador", de janeiro de 1975)

"Muito há sido feito em favor dos interesses imediatistas do homem.
(...)
É preciso que a Terra seja transformada em câmara de eco, respondendo aos apelos que o Senhor lança sobre ela, correspondendo-lhe à confiança.
Mas, ao contrário, o que vem acontecendo, senão a desatenção aos ditames do Mais Alto? O que vem movendo os corações humanos, senão a sede avassaladora da fama, além da cobiça incontida dos regalos das situações privilegiadas? Há quanto tempo a ferrugem tem estado a corroer a enxada, atirada ao depósito íntimo, considerada como instrumento irremissivelmente anacrônico? O homem, e acima de tudo os Espíritas, tem colocado a Doutrina em plano de primariedade, negligenciando-lhe a pureza. O Espiritismo corre o sério risco de transformar-se em nova fonte dos desejos, se lhe não forem restauradas as bases, levando-se em conta a gula de saber que assola o mundo. Sim, porque o saber desenfreado perde suas mais altaneiras características e passa a ser elemento de destruição. O Evangelho está na base de tudo; só ele destrói os caprichos.
Quem quer que se lance à prática doutrinária precisa, desde a primeira hora, começar a construir o pequeno degrau que lhe toca, com bom cimento, com boa vontade e com inaudita perseverança. E aqueles que já labutam no seio do Espiritismo carecem urgentemente de reformulação, porque, se o Espiritismo vem movimentando em favor de todos os meios da redenção de muitos, não se justifica que outros tantos deixem de algo realizar em favor dele, apenas por se julgarem preteridos, dessa ou daquela maneira.
(...)
Como se vê, trata-se de simples opção: ou se aceita a

bênção do Espiritismo — que é Jesus entre nós — e se colabora em prol dele, ou se persiste em dele afastar-se, sem mais direito às imensas e excelentes vantagens que buscam os que entendem o mundo sem pertencer a ele. Ou se retorna à realidade da Terra, desenterrando dos subterrâneos do coração a enxada corroída e tida como ultrapassada, ou já se fica vegetando no limo parasitário ou dependurado ao balaústre da ilusão, lançando moedas às águas enganosas do sonho."

UMA SINGELA E DELICADA HOMENAGEM

Inácio partiu para o plano espiritual antes de sua esposa, Dona Rosa. Tiveram 14 filhos, mas cinco já haviam desencarnado quando o médium se foi. Ele já estava bem combalido e sabia que em poucos dias iria desencarnar. Pediu a sua companheira que dispensasse as flores no seu velório, porém ela sabiamente argumentou: "Você amontoou flores na vida terrena, e essas flores virão agora engalanar a sua vida espiritual." Inácio aceitou as palavras de Dona Rosa e inúmeras coroas ocuparam o pequeno jardim da casa da família.

Entre as muitas pérolas garimpadas por João Marcos Weguelin, estão as palavras transmitidas no dia seguinte à sua desencarnação por ninguém menos que o ex-presidente da Academia Brasileira de Letras Austregésilo de Athayde. O jornal *Diário da Noite*, de 19 de fevereiro de 1943, publicou o texto conforme segue adiante. Uma homenagem à altura do trabalho realizado por Inácio no plano terreno.

A MORTE DO APÓSTOLO

"Seja qual for o ponto de vista religioso em que nos coloquemos, a figura de Inácio Bittencourt, ontem sepultado, adquire inconfundíveis relevos de apóstolo cristão.
Era o patriarca do Espiritismo, seu propagandista incansável e devotado sacerdote.
Pregava pelo jornal, pela palavra nas reuniões de culto,

pelo exemplo de uma vida sem mácula de interesse, no cumprimento estrito dos deveres vocacionais.
Foi um santo.
Milhares de pessoas levaram-no à beira do túmulo, testemunhando-lhe o agradecimento da pobreza.
Para ele, o que principalmente ligava o homem a Deus, era o espírito de Caridade. O Cristo era o amor ao próximo.
Não havia sacrifício que não fizesse para servir os seus irmãos, nas tristes condições da humildade.
Não sei se curava. Não sei se como médium conversava com os Espíritos.
Sei, no entanto, que foi um grande consolador de sofrimentos e nunca ninguém se aproximou dele que não saísse aliviado das suas penas morais.
Assim cumpriu a missão sagrada do pastor e Deus, na sua misericórdia, tê-lo-á recebido com as dignidades reservadas aos seus justos."

PARA SABER MAIS

- *Inácio Bittencourt — O Apóstolo da Caridade,* João Marcos Weguelin
- *Seareiros da Primeira Hora,* Ramiro Gama
- *Falando à Terra,* Francisco Cândido Xavier
- *Yvonne do Amaral Pereira — O Voo de uma Alma,* Augusto Marques de Freitas

JOÃO NUNES MAIA

SUAS LIÇÕES ATRAVÉS DA PSICOGRAFIA E A
CRIAÇÃO DE UMA POMADA TRANSFORMADORA

Glaucilândia, 10 de novembro de 1923
Glaucilândia, 04 de setembro de 1991

Em um país com as dimensões continentais e a diversidade cultural que o Brasil apresenta, importantes eventos acontecem ao mesmo tempo, sem que seus habitantes se deem conta deles. Mesmo em tempos de conectividade e internet é difícil saber. Imagine quando essa ferramenta e seus conceitos não existiam...

Em 1957, enquanto Pelé estreava na seleção brasileira de futebol, com apenas 16 anos, um sapateiro mineiro, batizado de João Nunes Maia, criava a Campanha Nacional do Livro Espírita, com equipes que circulavam pelo país e distribuíam gratuitamente exemplares de obras doutrinárias.

Este foi mais um dos grandes trabalhos encabeçados por Nunes Maia, como era conhecido esse homem de voz mansa, com diversas habilidades mediúnicas, mas que dedicou a maior parte de seu tempo à psicografia.

O FORTE VÍNCULO MATERNO

Nunes Maia nasceu numa pequena cidade no norte de Minas Gerais. Era o segundo filho dos cinco que sua mãe, Maria Nunes Maia, teve com Joaquim da Silva Maia. Desde a infância, conversava sozinho e os adultos que conviviam com ele o achavam esquisito. Exceto sua mãe, com quem tinha uma estreita relação. Seu pai o colocou em um seminário católico, num regime de internato, mas ele sempre dava um jeito de fugir para se juntar à mãe novamente. Até que o pai aceitou a realidade — mãe e filho sofriam demais separados.

Apesar de não ser espírita, Maria orientava Nunes Maia da melhor maneira, a fim de que desenvolvesse sua mediunidade e amenizasse os momentos de angústia e de incompreensão diante de fatos que vivenciava ainda como criança e também na fase de adolescência. Ela faleceu quando Nunes Maia tinha 16 anos. Para ele, viver sem sua mãe não fazia sentido. Chegou a ser impedido de se suicidar.

Atormentado, Nunes Maia, que estudou até o equivalente à sexta série do ensino fundamental dos dias de hoje, contou com a ajuda de uma senhora que morava próximo deles. Dona Lozinha era tida como benzedeira e muitos diziam que mexia com bruxaria. Ela seguia os ensinamentos do Espiritismo. Mesmo sendo analfabeta, andava com um livrinho no bolso e deixava que Nunes Maia participasse de reuniões espíritas em sua casa. Dona Lozinha lia quando incorporava espíritos, transmitia a Nunes Maia suas tarefas futuras e o alertava sobre a necessidade que tinha de conhecer as obras de Allan Kardec.

UMA DOUTRINA FAMILIAR E A MUDANÇA DE CIDADE

Em uma de suas idas à casa de Dona Lozinha, Nunes Maia viu que o tal livrinho que ela carregava consigo tinha o endereço da Federação Espírita Brasileira. Escreveu à entidade solicitando as obras publicadas disponíveis. Leu todas elas e sentia que aquele conteúdo não trazia novidades, tudo soava muito familiar. Os fundamentos da doutrina espírita já faziam parte da bagagem que Nunes Maia trazia naquela encarnação.

Depois de iniciar seus estudos sobre o Espiritismo, Nunes Maia acreditava que seu trabalho precisava ser desenvolvido em outro lugar. Mudou-se para Belo Horizonte quando começava a década de 1950. Na capital mineira aprende o ofício de sapateiro com um amigo que o acolhe. Também encontra a mulher com quem se casa e tem uma filha.

Com relação à doutrina, ele estreita relacionamento por meio da União Espírita Mineira e de outros centros espíritas. Nessa época, Nunes Maia conhece Chico Xavier. E foi durante o primeiro encontro deles, em Pedro Leopoldo, que viu a imagem do busto de Emmanuel — espírito que ditava obras ao renomado médium. Assustado, Nunes Maia imediatamente identifica a fisionomia de Emmanuel como a do Espírito que o acalmava na fase em que sua mãe desencarnou.

MIRAMEZ, SEU GUIA ESPIRITUAL

Durante o período em que viveu em Belo Horizonte, Nunes Maia participou do primeiro programa espírita em rádio, inaugurou várias casas espíritas e foi em uma das reuniões na sede da União Espírita Mineira que se identificou com o Espírito de Fernando Miramez de Olivídeo. O jovem nobre espanhol chegou ao Brasil em 1649, catequizou índios e negros, se desfez de seus bens na Europa e viveu aqui apenas com o mínimo para praticar o bem, aliviando dores físicas e espirituais dos habitantes da colônia.

O Espírito Miramez é o autor de vários livros psicografados por Nunes Maia. A estreia da parceria frutífera é a obra *Alguns Ângulos dos Ensinos do Mestre*. Com linguagem simples, o livro aborda as verdades do Evangelho e suas lições. A transcrição de uma delas, abaixo, ilustra a importância do conteúdo ditado ao médium.

> "O perdão é portador da semente dos céus. Onde passa garante a amizade, refrigera o coração. Perdoar deve ser o gesto por excelência do homem de bem, perdoar deve ser o clima do Cristão, verdadeiro sinal dos céus de que o coração se encontra preparado para a academia do amor."

Entre os inúmeros livros ditados por Miramez, está a maior coletânea que dá suporte à compreensão dos ensinamentos espíritas — a coleção *Filosofia Espírita*, com 20 volumes. No primeiro, o prefácio assinado por Bezerra de Menezes já indica a intenção do conjunto da obra:

> "Em quase tudo que falamos, partimos de um ponto que muito nos sensibiliza: a caridade, nos dois pontos de existência. Este livro é uma fração de caridade da sabedoria. O nosso companheiro Miramez comenta as perguntas e respostas de *O livro dos Espíritos*, desde a primeira até a número cinquenta e um, com grande simplicidade, nos mostrando a amplitude dos ensinamentos da Codificação.
>
> (...)
> Este livro é um pequeno curso para despertar no estudante valores morais e espirituais. Ele pode abrir caminhos para que a caridade se solidifique nos corações dos leitores, ampliando o saber em sequências admiráveis, pois as linhas dos livros que se baseiam na Doutrina dos Espíritos são assistidas pelo grande rebanho empenhado em difundir o Evangelho de Nosso Senhor Jesus Cristo, nesta pátria abençoada, com reflexos no mundo inteiro.
>
> (...)
> Meu companheiro, este livro é o primeiro de uma série, na mesma sequência de conhecimentos, para que o princípio da Doutrina avance na estrutura de conceitos à luz da razão, buscando no mais além o que podes suportar. Se já fazes muitos tipos de caridade, concitamos-te a mais

uma: a caridade do Livro. Com base no Evangelho, o livro desperta no coração o que nele dorme de mais sagrado e os domínios dos sentimentos do bem crescem e se abastecem na própria ciência da vida. (...)"

DEDICAÇÃO INTENSA À PSICOGRAFIA

Nunes Maia manifestava vários tipos de mediunidade. Dedicou-se mais às transcrições psicografadas, pois acreditava que seu objetivo nessa encarnação era tratar o livro como fundamento da doutrina, difundi-lo era uma de suas missões. Quanto à psicofonia, os momentos em que ela acontecia eram únicos. Segundo testemunhas, seu dom de oratória era extraordinário. A médium Ariane de Quadros Corrêa, em entrevista dada a uma rádio, em 2000, comenta as habilidades de Nunes Maia com delicadeza e conhecimento, afinal ela é a autora da biografia dele. Em um trecho da conversa, Ariane detalha:

"(...) A saída do corpo consciente, em viagem astral, para ele era comum. Era médium passista e trabalhava em reuniões de assistência e cura em sua Casa Espírita, com resultados magníficos. No momento em que psicografava obras romanceadas, se transportava para os lugares citados enquanto conversava conosco, contando parte da história. Descrevia locais, personagens com tanto fulgor que a gente criava imagens também.

(...) Vivenciava toda a história. Segundo descrição no livro *Além do Ódio*, ocorria como que uma gravação sintetizada em sua mente, como se fosse um microfilme. (...)"

Foram mais de 80 títulos psicografados. A maioria ditada por Miramez, mas muitos outros trabalharam junto com Nunes Maia. Uma das publicações mais vendidas é *Cirurgia Moral*, do Espírito Lancellin, com prefácio de Miramez. São 50 pequenos capítulos e todos os títulos indicam de maneira direta as lições que devem ser aprendidas. Alguns exemplos: prece para ti mesmo; respeito ao próximo; todos temos direitos e deveres; alimenta a esperança; observa o hoje; não inventes problemas; fala com bom humor; não te esqueças dos outros; compreende melhor; e ora por todos — este último título finaliza o livro. Adiante, três trechos desses capítulos.

RESPEITO AO PRÓXIMO
(*CIRURGIA MORAL* / CAPÍTULO 5)

"Deus não nos fez desligados da Humanidade. Somos elos da grande corrente universal e as energias divinas que vão alcançar os outros devem passar por nós, beneficiando-nos e ao nosso próximo. Carecemos dos outros, qual eles de nós na imensa vinha do nosso Pai Celestial. Portanto, o nosso segundo dever é amar o próximo, como nos aconselha o Mestre por intermédio do Seu Evangelho de Luz. E amar é acatar os direitos daqueles que andam conosco no mesmo caminho. Nada fazemos sem a participação dos nossos irmãos. Cada um nos ajuda em algo de que carecemos. Somos devedores da humanidade, como também emprestamos a ela o nosso concurso, e a fraternidade é o caminho mais desejado na área do Bem, ao tratarmos com os nossos companheiros.
As exigências devem ser feitas a nós para com nós mesmos; o apreço, esse deve ser dirigido aos nossos semelhantes.
A imposição é o modo de nos educarmos; a consideração, o ambiente que deve ser feito aos companheiros de labor.
O mando deve ser a disposição na disciplina dos nossos instintos. A cortesia haverá de ser o meio de comunicar mais agradável com os nossos irmãos.
A imposição é o caminho interno quando nos indica o bem, a fraternidade nos faz atrair companheiros para o mesmo convívio.
O perdão é portador da semente dos céus. Onde passa garante a amizade, refrigera o coração. Perdoar deve ser o gesto por excelência do homem de bem, perdoar deve ser o clima do Cristão, verdadeiro sinal dos céus de que o coração se encontra preparado para a academia do amor.
(...)"

ALIMENTA A ESPERANÇA
(*CIRURGIA MORAL* / CAPÍTULO 18)

"A esperança não pode desaparecer dos nossos ideais. Ela é uma flor que nos predispõe para os rumos do despertar espiritual e faz desaparecer as dúvidas, fornecendo-nos um ambiente favorável à vida feliz e alegre. Quem espera, sempre trabalha para alcançar.
Acredita em ti mesmo e em Deus, e luta por isso todos os dias, mesmo que o tempo esteja contrário às tuas idéias. Avança, sem que o esmorecimento amarre teus passos. Alimenta a esperança, que ela te libertará das sombras do desinteresse. Confia no Senhor Todo Poderoso, sem esquecer de confiar em ti mesmo, que os caminhos se abrirão para ti, mostrando-te as portas onde encontrarás a paz do coração. Sê fiel aos princípios do Amor e nunca deixes de praticar a caridade, porque sabemos não existir salvação sem o brilho desta virtude sem par.
(...)
Alimenta a esperança, pois além da morte física, um mundo grandioso te espera com a bagagem que conquistaste no aprimoramento da moral. Fase uma cirurgia moral em todos os teus atos e abstém-te de novos distúrbios consciênciais, para que não venhas a sofrer maiores danos. A boca acostumada a falar asneiras é instrumento do lixo mental e quando a cabeça está cheia de inferioridade não se pode pensar em falar em esperança, pois não sobra espaço para a virtude mantenedora da alegria.
Se não sabes por onde começar na limpeza interna de sentimentos destruidores, procura livros que te possam orientar. Existem muitos que te ajudarão na reforma interior. Mas, se a ignorância domina por completo a tua alma, vá com moderação, porque os rejeitos são volumosos e poderás esmorecer.
Luta devagar, mas sempre."

COMPREENDE MELHOR
(*CIRURGIA MORAL* / CAPÍTULO 40)

"A compreensão é um dom espiritual que todos temos e que varia muito em função do modo como assimilamos as coisas. Varia em razão da evolução espiritual de cada criatura. Há dois modos de compreender: o primeiro é compreender e não praticar; o segundo é capacitar-se e viver o que já aprendeu pelas faculdades do discernimento. Em todos os acontecimentos que a vida nos apresenta, podemos avaliar cada vez melhor as nossas condições espirituais ante a sociedade, sendo de senso comum que não devemos criticar os outros com esperanças de tomarmos os lugares que eles já alcançaram por méritos. Compete a cada um conquistar o seu próprio ambiente e a sua própria posição entre os que viajam ao seu lado, sem o timbre da vaidade nem o barulho do orgulho. Deves atingir a tua posição com humildade e acatamento, com respeito e honestidade, porque não é desmerecendo os teus semelhantes que alcançarás a verdadeira honra. A escola de Cristo é bem diferente das escolas do mundo.
O mundo ensina o egoísmo; Jesus, o desprendimento com discernimento.
O mundo ensina o orgulho de raça; Jesus, o amor a todas as criaturas.
O mundo limita-se a ensinar o amor à família; Jesus ensina o amor universal.
O mundo instrui para que aprendamos a sabedoria exterior; Jesus nos adverte sobre os conhecimentos internos.
O mundo nos ensina o revide das ofensas para salvaguardar a honra; Jesus nos mostra, com exemplos de Sua vida, o perdão aos que nos ofendem e caluniam.
O mundo nos cobre de glórias quando matamos; Jesus nos conduz para a paz de consciência quando preservamos as vidas.
O mundo nos ensina a conquistar os bens materiais; Jesus nos mostra os valores dos tesouros imperecíveis do espírito.

> Eis os primeiros toques da grandeza do Mestre, que podes avaliar e seguir, e os caminhos que podes escolher: o de Jesus ou o do mundo. (...)"

Também psicografado por Nunes Maia e com prefácio de Miramez, *Tua Casa* é ditada pelo Espírito Ayrtes. Assim como *Cirurgia Moral*, este livro traz 50 capítulos e sua apresentação se refere à justificativa de como e por que o conteúdo dessa obra era essencial. A seguir, a apresentação.

> "Como ocorre com todos os livros espíritas, *Tua Casa* surgiu de uma necessidade.
> A Sociedade Espírita Maria Nunes, fundada pelo médium João Nunes Maia, mantém, entre as várias atividades que caracterizam a Casa Espírita, grupo formado pela Mocidade, encarregado de promover a abertura do Culto no Lar, nas casas das famílias assistidas. Os jovens inauguram o culto, participam dele algumas vezes e entregam a responsabilidade da sequência à pessoa da família que demonstre melhor condição para isso. Periodicamente, voltam às casas para avaliação dos resultados.
> Apesar de todo o empenho dos jovens, logo foi constatado que a continuidade da salutar prática estava prejudicada pela dificuldade de interpretação das citações e colocações contidas no Evangelho, por dificuldades naturais, levando-se em conta as condições nas áreas.
> O problema foi levado ao Setor de Orientação Espiritual da casa e, consequentemente, colocado para os Espíritos Nobres que colaboram com a mesma.
> A resposta não tardou. Do mentor Miramez veio a informação de que o espírito Ayrtes fora designado para a tarefa de pesquisar na região que congrega a maioria das famílias assistidas, quanto aos assuntos que deveriam ser questionados, e transmitir o resultado.
> Consta que pequena equipe espiritual sob a orientação de Ayrtes, permaneceu durante algum tempo acompanhando

as atividades, na Casa e fora dela, coligindo os elementos e observando as necessidades, para a orientação que deveria ser dada, para a solução das dificuldades surgidas.
Pouco tempo depois, Ayrtes concluiu sua tarefa, transmitindo, pelos canais mediúnicos de João Nunes Maia, este livro que vem vasado em palavreado que permite amplo entendimento e oferece meios de melhor interpretação aos preceitos Evangélicos, ao alcance de qualquer pessoa.
Evidencia-se, com o surgimento deste livro, que os Espíritos Nobres, sob as bênçãos de Jesus, sempre nos ofertam mais do que solicitamos, uma vez que o conteúdo do mesmo vai atender às necessidades das pessoas, em áreas as mais diversificadas daquela que se pretendeu inicialmente atingir."

Além do tom doutrinário da maioria das obras, algumas ainda eram recebidas com doses poéticas, sem perder a intenção de levar conhecimento ao leitor. Um dos casos é *Chão de Rosas*, de autoria do Espírito Sheilla.

"(...) Onde estiveres, meu irmão, encontrar-te-ás num Chão de Rosas, desfrutando do perfume do Amor, fragrância que reacende os corações carentes. Compartilha da caravana da fraternidade, cujo ambiente é o universo. Sê cidadão do mundo sem limites.
Vamos materializar o Bem, em todos os ângulos da existência, e fazer com que o Amor não perca a luminosa estrada dos nossos corações, onde deve nascer o Cristo de Deus a nos mostrar a felicidade.
Tornamos a afirmar que a Terra é, pois, um Chão de Rosas, com as bênçãos de Deus a se mostrarem nas mínimas coisas: desde o pingo d'água, até os oceanos, dos elementos periódicos, aos mundos que circulam na criação do Grande Soberano, dos primeiros movimentos das c élulas isoladas, à maravilhosa harmonia do corpo humano, a manifestar a inteligência racional

e iluminada de Evangelho.
Se quiseres, poderás sentir e ver tudo florido, por onde andas, a convidar-te para o banquete celestial, pelas palavras inarticuladas dos ventos, das águas, das árvores, dos pássaros, das estrelas, de tudo que puderes observar, desde que tenhas carinho em teus gestos e amor no coração.
Não percas a oportunidade, tu que estás animando um corpo. Abraça esse Chão de Rosas, como sendo oferta do progresso, e serás abençoado pelos frutos que deverás colher, assinalando a tua vida na correspondência da sementeira que lançaste no seio do solo. (...)"

UM NOVO LIVRO E UMA NOVA POMADA

Nunes Maia teve uma conexão importante com as pessoas portadoras de hanseníase — infecção causada por bactéria e vulgarmente conhecida como lepra. Dois de seus livros estão fortemente ligados a ela, não por focar o assunto, mas porque acontecimentos associados à finalização deles reforçaram a importância e a relação com quem sofria da doença.

O primeiro deles é *Além do Ódio*, cujo tema principal se refere à família. Em uma das passagens, um personagem contrai hanseníase e passa por um sofrimento muito grande. O lançamento da publicação seria realizado em Betim, próximo a Belo Horizonte, no Sanatório Santa Isabel. No evento, muitas pessoas estavam presentes e Nunes Maia encontrava-se apreensivo, pois achava que não havia exemplares suficientes a serem distribuídos. Em uma entrevista dada por Juselma Coelho, que faz parte da coordenação central da confecção da pomada Vovô Pedro, da Sociedade Espírita Maria Nunes, ela descreve os fatos.

"Os organizadores do evento decidiram dar um livro por família. Essa seria a solução para que todos ganhassem uma edição de Além do Ódio. Chamavam um representante de cada família para receber a obra. A caixa ia esvaziando e Nunes estava apreensivo. Ao pronunciarem o último nome da família presente, entregaram também o último exemplar da caixa. A alegria contagiou a todos os presentes, assim como o alívio.

Nesse momento, Nunes olha para a porta e vê entrar espíritos caracterizados como escravos — os mesmos do livro lançado. E questionou: 'Por que se aproximaram agora, quando acabou o evento?' Os recém-chegados se organizaram em duas fileiras, assim como os personagens principais da obra lançada. Pareciam aguardar alguém. Nunes se afastou e aquietou. Notou a presença de um nobre, uma figura do século XVIII. Os espíritos presentes se posicionaram respeitosamente enquanto Nunes tentava se recordar daquele Espírito — mas não o reconhecia. Ele se aproxima de Nunes e pede que anote a fórmula de um medicamento que ia aliviar as pessoas daquela comunidade e de outras. Por não encontrar folha em branco na hora, escreve no papel que embrulhava os livros. Quando termina de transcrever a formulação pergunta ao Espírito o nome do medicamento e ele responde com simplicidade: 'Pode chamá-lo de Vovô Pedro.'"

Nascia naquele instante a pomada Vovô Pedro. Outro detalhe importante foi frisado pelo Espírito, o preço. Deveria estar evidente na embalagem: "Deus lhe pague". Independentemente desse acontecimento, muitos duvidavam dos efeitos benéficos do produto. A própria Juselma era uma ferrenha questionadora de sua eficácia. Fez um longo trabalho de aceitação e de entendimento sobre essa pomada de uso tópico. São suas as palavras: "Não é apenas um elemento de cura, mas ajuda a pessoa a se transformar; trabalha a fé e a esperança dentro de cada um."

Com o passar dos anos, a pomada mostra seu verdadeiro efeito transformador — físico e espiritual. Cerca de 15 anos depois desse episódio, Nunes Maia, folheando uma enciclopédia em uma biblioteca de São Paulo, se depara com a imagem do Espírito que ditou a fórmula. Tratava-se de Mesmer.

Franz Mesmer nasceu em 1734, em uma região que hoje pertence à Alemanha. Estudou Filosofia, Teologia e também Medicina. Realizava a cura de pacientes por meio de contatos de sua mão e do que, depois, chamaram de magnetismo animal ou mesmerismo. Pouco compreendido em sua época, havia sido tachado por muitos como charlatão. Contudo foi ele que apareceu a Nunes Maia e prescreveu o medicamento que, até hoje, é produzido e surte efeito positivo entre os que o usam.

Quando o médium descobriu o criador da fórmula da pomado Vovô Pedro, questionou, assim que pôde, o nome sugerido. O próprio Mesmer respondeu que o produto deveria ser simples. Qualquer nome de pompa poderia colocar em dúvida sua eficiência. Atualmente várias instituições espíritas confeccionam o ungento, que começou sua fabricação na Sociedade Espírita Maria Nunes (Seman) — centro batizado em homenagem a mãe de Nunes Maia. É uma combinação de plantas e outros produtos naturais com propriedades terapêuticas. Mas de forma quase poética, há quem descreva a composição da pomada como sendo a força energética do Mineral, o plasma vivo do Vegetal, a energia irradiante do Homem e os fluidos sutis do Espírito.

A partir da década de 1980, Chico Xavier tornou-se um dos divulgadores da pomada. Ele próprio justificou com as frases adiante, em cartas trocadas com Nunes Maia:

> "Louvemos a Jesus e a seus mensageiros por havermos obtido, por suas mãos de obreiro do Bem, esse socorro dos céus. (...) As curas que tenho visto são as mais surpreendentes. (...) Envio a você e a nossos irmãos do Maria Nunes as alegrias e agradecimentos, as preces de louvor e os pedidos de bênção em sinal de gratidão que constantemente vejo brilhar em tantas faces, das quais a pomada Vovô Pedro enxugou as lágrimas e as preocupações. Louvado seja Deus!"

MAIS UM EPISÓDIO EM TORNO DA HANSENÍASE

Além dos já citados e de outras dezenas de títulos, outra obra importante psicografada por Nunes Maia é *Francisco de Assis*, do Espírito Miramez. Ao finalizar o texto, a campainha da casa do médium tocou e diante dela estavam 44 ex-hansenianos. O grupo alegava ter se curado graças ao uso da pomada Vovô Pedro. A emoção tomou conta dos presentes — autor e visitantes, além de alguns espíritos. Na abertura do prefácio assinado por Bezerra de Menezes já é possível entender a essência dessa entidade iluminada que era Francisco de Assis.

"Para se falar sobre um Anjo torna-se necessário ser um Anjo, também condição da qual estamos muito longe. Vamos dar leves traços sobre este livro que retrata a personalidade de Francisco de Assis, oito séculos atrás. O nosso companheiro Miramez escolheu alguns acontecimentos com o *Poverello de Assis*, em uma sequência de quarenta e quatro anos e que foram quarenta e quatro anos de caridade, vividos no seio da humanidade, esta humanidade que ignorou a grandeza desta alma de esferas distantes, Espírito destinado a deixar um traço de união entre todos os serem que vivem e todas as organizações políticas e religiosas. O nosso amigo espiritual nos diz que este livro é uma simples anotação sobre a vida desse grande santo, que faz parte do colégio apostolar de Jesus Cristo.
Francisco de Assis viveu a mensagem do Evangelho de modo a consolidar a palavra *Amor*, fazendo-a sair da teoria e avançar para a prática do dia a dia. Não há jeito na Terra de se pensar e escrever sobre caridade, sem se lembrar do Homem da Umbria: todos os caminhos por onde passou falam dele.
(...)

Quando encontrava enfermos, enfatizava a saúde, sem esquecer da fé. Ouvia em silêncio os que sofriam e falava quando a sua palavra fosse consolo ou paz.
Desejava o bem de todos, sem cogitar de onde procediam, para onde iam, a qual escola ou partido político pertenciam.
Não era dado a examinar procedências para servir, pois via a todos como filhos de Deus.
Este livro é uma bandeira de simplicidade, é um conjunto de regras fundamentadas nos preceitos de Nosso Senhor Jesus Cristo. (...)"

Há quem diga que Nunes Maia foi um privilegiado em psicografar tantas obras de relevância. Pode-se dizer que sim, mas apenas depois que este mineiro de poucas palavras conseguiu, com muita dedicação e orientação adequada, direcionar seus dons mediúnicos.

    Seu trabalho está difundido por todo o Brasil e também em outros países, como Estados Unidos, Japão, Portugal e Espanha. Independentemente disso, ele sempre levou uma vida simples, com pouquíssimos recursos financeiros. Desencarnou com um belo cumprimento de sua missão, em setembro de 1991, então com 67 anos.

PARA SABER MAIS

- *João Nunes Maia — Uma Biografia*, Ariane de Quadros Corrêa
- *Aprendendo um Pouco Mais sobre João Nunes Maia e Miramez*, Ariane de Quadros Corrêa
- *Alguns ângulos dos Ensinos do Mestre*, João Nunes Maia
- *Filosofia Espírita* (20 volumes), João Nunes Maia
- *Filosofia da Mediunidade* (8 volumes), João Nunes Maia
- *Cirurgia Moral*, João Nunes Maia
- *Tua Casa*, João Nunes Maia
- *Chão de Rosas*, João Nunes Maia
- *Além do Ódio*, João Nunes Maia
- *Francisco de Assis*, João Nunes Maia
- *Apelo aos Espíritas*, João Nunes Maia
- *Conselhos de Paz*, João Nunes Maia
- *Ele e Ela*, João Nunes Maia
- *Horizontes da Fala*, João Nunes Maia
- *Horizontes da Mente*, João Nunes Maia
- *Horizontes da Vida*, João Nunes Maia
- *O Mestre dos Mestres*, João Nunes Maia
- *Médiuns*, João Nunes Maia

JOSÉ PEDRO DE FREITAS
(ZÉ ARIGÓ)

MESMO CONTRA AS AUTORIDADES, O MÉDIUM ATENDEU MAIS DE 2 MILHÕES DE ENFERMOS

Congonhas, 18 de outubro de 1921
BR-040, 11 de janeiro de 1971

No interior de Minas Gerais, o que não faltam são cidades históricas. Entre elas está Congonhas do Campo, ou melhor, Congonhas, como atualmente é conhecida. Sua origem é datada de 1757, ano em que foi fundado o Santuário do Bom Jesus de Matosinhos. Falando assim, talvez poucas pessoas saibam sobre o local. Contudo, é ali que estão *Os Doze Profetas*, de Aleijadinho.

Esse artista brasileiro é uma referência mundial da arte barroca. Mulato e portador de uma doença que lhe tirou os movimentos das mãos e dos pés e ainda deformou seu rosto, Aleijadinho sofreu terríveis preconceitos, mas suas esculturas perpetuam sua identidade até hoje, principalmente em Congonhas. O barroco no país tem uma conexão direta com a religião católica, é sinônimo de arte sacra.

O jornalista e filósofo José Herculano Pires faz uma bela descrição que amarra a obra de Aleijadinho a um médium com uma história bem peculiar, conhecido como Zé Arigó. A conexão entre os dois encontra-se no livro que escreveu *Arigó — Vida, Mediunidade e Martírio*.

"(...) Congonhas do Campo, a duas horas de automóvel de Belo Horizonte por estrada asfaltada, é uma cidadezinha carismática. Na sua humildade e sobretudo na sua rusticidade, pousada entre montanhas de minérios, conserva um dos mais ricos monumentos de religião e arte do Brasil: o Santuário do Bom Jesus de Matosinhos, erguido na segunda metade do século XVIII, com o famoso adro em que se vêem as doze estátuas dos Profetas do Aleijadinho esculpidas em pedra-sabão. Impressiona poderosamente a visão daquelas estátuas que guardam a individualização de cada figura bíblica, plasmada pelo gênio obscuro de Antônio Francisco Lisboa, o Aleijadinho.

Através dos séculos a estatuária de Mestre Antônio Francisco exerceu inimaginável influência nas populações rurais da região, atraindo-as para a Igreja que se tornou verdadeiro centro de misticismo e taumaturgia. Nas festas de São Bom Jesus a cidadezinha é invadida por multidões de doentes e aleijados que acorrem ao Santuário como os mendigos e leprosos do tempo de Jesus afluíam ao lago de Betsaida. E os milagres se multiplicam de ano para ano, consagrando cada

vez mais o carisma, a graça divina que assinala Congonhas. (...) Como no ciclo do ouro, o homem procura ainda hoje a sua salvação física e espiritual nas figuras de pedra, e estas respondem ao anseio humano revelando aos devotos a magia das formas que o Aleijadinho e seus auxiliares fixaram no minério. Os extremos se encontram. Essa dialética da fé, que surge espontânea da alma ingênua do povo, resulta no clima de misticismo e de religiosidade fanática que domina a região. A tradição esmaga as gerações que desfilam contemplativas e apáticas ante o poder misterioso dos Profetas, em cujo olhar vazio — os globos minerais parecem mortos ou estáticos na expressão viva do rosto — a eternidade se reflete implacável. (...)
Arigó é a réplica do Aleijadinho a sua própria obra. Com o sensitivo de Congonhas o artista dos Profetas se resgata a si mesmo. Mestre Antônio Francisco rompe as armaduras minerais em que encerrou o seu poder criador, para desencadeá-lo novamente no seio do povo. A taumaturgia dos Profetas, que emanava silenciosa do minério, subitamente se transfunde em atividade humana. É assim que podemos entender, no plano mais vasto da História, acima das aparências do contingente, a ligação entre o Aleijadinho e Arigó. Este afirma que a sua missão pertence àquele. Foi Mestre Antônio Francisco quem preparou a sua eclosão mediúnica. (...)
Interpretando esse fato no plano do contingente e portanto da aparência, a ligação entre o Aleijadinho e Arigó comporta apenas duas explicações: a psiquiátrica, de ordem alucinatória, e a espírita, de ordem mediúnica. Mas no plano histórico a seqüência cronológica estabelece a continuidade, a tradição supera a fragmentação temporária e conseqüentemente o mistério da eternidade se transfunde na lógica da duração. O tempo que correu entre o Aleijadinho e Arigó aparece então como um continuum. As estátuas de pedra agiram nesse processo como catalisadoras. O tempo e as gerações constituem a massa de reação acelerada e no momento da transformação os Profetas mantêm a sua impassibilidade mineral, de olhos vazios fitos na eternidade. (...)"

FILHO DA TERRA E MINERADOR

Poucos dias antes de falecer a Princesa Isabel, exilada na Europa, mas uma defensora também do Espiritismo no Brasil, nascia José Pedro de Freitas numa fazenda nos arredores de Congonhas, em 1921. Primogênito de uma família numerosa, ele desde cedo aprendeu e se dedicou ao trabalho rural. A atividade braçal com a enxada era sua realidade. Até por isso recebeu o apelido de Zé Arigó. Arigó significa indivíduo simplório, que trabalha na roça e não exerce função intelectual. Ele estudou apenas até uma parte da educação primária — o equivalente à terceira série do ensino fundamental.

Herculano Pires detalha logo no primeiro capítulo da biografia de Zé Arigó como o protagonista convivia com uma habilidade que não parecia ser um dom, mas, sim, um fardo: a mediunidade. E ainda comenta sobre a religiosidade presente no início da vida dele.

> "(...) Desde criança Arigó revelou sua mediunidade, embora, como é natural, não fosse compreendido. Quantas vezes sofreu castigos injustos dos próprios pais, acusações infundadas dos próprios irmãos sem que pudesse defender-se.
> Posto desde cedo na faina do campo, revelou-se submisso e trabalhador, mas dotado de uma sensibilidade exagerada que o distanciava dos outros meninos. Contou-nos que, na fazenda do pai, quando mandado a vigiar o mato, em que mulheres pobres furtavam lenha, ajudava-as a escapar com seus feixes ao ombro. Enquanto os irmãos furavam os depósitos de farinha ou de fubá para fazerem vendas furtivas, ele os furava para distribuir auxílio aos necessitados.
> Tivemos ocasião de participar de agradável palestra a respeito desses fatos na casa de Arigó. O assunto não fora provocado por nós, mas pelos próprios irmãos do médium, que riam ao se lembrarem de vários episódios.
> (...)
> Católico, de família tradicionalmente católica, Arigó nunca atribuiu os fatos estranhos que ocorriam com ele

a influências espíritas. Freqüentava a Igreja, praticava a religião em que fora criado e confiava em Deus. Contou-nos, aprovado pelos familiares, numa reunião em sua casa, que os hábitos da casa paterna eram rigorosamente pautados pelos princípios religiosos. E acrescentou este episódio pitoresco, mas comum nas antigas zonas sertanejas: "À noite, no tempo da colheita, meu pai nos reunia para rezar e debulhar milho. Ficávamos em roda do monte de espigas e era só 'Padre nosso', 'Ave-Maria', até a hora de dormir, rezando e debulhando milho".
O céu e a terra se fundiam nesses serões familiares da roça em que César e Deus eram servidos ao mesmo tempo. O espírito ingênuo dos roceiros não podia atinar com as distinções sutis do Evangelho, ou talvez as interpretasse de maneira mais certa, pois fundindo prece e trabalho dava a César o que lhe pertencia e a Deus o que só a Ele podia ser dado. (...)"

Zé Arigó tentou ser comerciante em sua cidade, não decolou no negócio e tornou-se minerador, atividade que já havia exercido na juventude. Ele passava o mês manuseando a picareta nas minas da região. Com sua personalidade carismática, rapidamente ganhou o posto de representante dos mineradores.

E foi como líder sindical da categoria que viajou a Belo Horizonte, a convite do senador Lúcio Bittencourt, na década de 1950. Zé Arigó não imaginava o quanto essa viagem mudaria sua vida. Ou melhor, divulgaria um dom que, por décadas, seria questionado pela sociedade e pelas autoridades brasileiras.

UM CIRURGIÃO EFICIENTE SEM DIPLOMA

Apesar de ter nascido em família católica, Zé Arigó se dizia espírita. Mesmo assim, vez por outra fazia o sinal da cruz e carregava consigo um crucifixo — atitudes típicas de católicos. A mediunidade que se manifestava nele era apenas uma, a de cura. Os demais médiuns incluídos neste livro sempre demonstraram mais de uma habilidade, mas Zé Arigó foi exclusivamente um médium de cura.

Dedicou sua vida, sem medir esforços, à oportunidade de minimizar o sofrimento físico das pessoas que o procuravam. Trabalhou muito tempo em sua própria casa, em Congonhas, e depois distribuía seu tempo entre as horas no cargo que ocupava como funcionário público, no órgão que hoje equivale ao INSS, e os atendimentos no Centro Espírita Jesus Nazareno, na própria cidade. Em casos extremos, ia à residência dos enfermos ou praticava a cura à distância.

A fama de Zé Arigó é contraditória. Caminham lado a lado os elogios, a caridade e os sucessos das cirurgias espíritas que fazia, contudo também as desconfianças e o viés de charlatanismo que seu trabalho transmitia.

Durante a viagem com Lúcio Bittencourt à capital mineira, em uma das noites no hotel, Zé Arigó supostamente incorporou um médico alemão, que havia falecido no fim da Primeira Guerra Mundial, e que se apresentou como Dr. Fritz. O médium dormia em seu quarto quando foi despertado pelo político que afirmava espantado ter sido operado por Zé Arigó algumas horas antes. Zé Arigó alegava não se lembrar de nada.

Lúcio mostrou seu pijama rasgado e disse que viu Zé Arigó entrar em seu quarto, cortá-lo com uma navalha e remover um tumor do pulmão. O caso ficou conhecido como a estreia das cirurgias espíritas realizadas por Zé Arigó. E também a partir desse episódio iniciaram as suspeitas sobre suas atividades. A própria família de Lúcio Bittencourt impediu que publicações divulgassem essa história. Eles alegaram que desconheciam a enfermidade citada na cena do hotel em BH. Lúcio Bittencourt faleceu em 1955, durante a campanha presidencial de Juscelino Kubitschek, num acidente de avião.

De qualquer forma, a partir disso, Zé Arigó passou a incorporar o Espírito do Dr. Fritz em Congonhas. Curava desde incômodos corriqueiros, como sinusite ou dor de cabeça crônica, até doenças consideradas incuráveis e que exigiam complexos tratamentos, como o câncer. Os atendimentos eram rápidos; em poucos segundos o médium manipulava tesouras, facas, estiletes de uma forma grosseira e sem nenhum tipo de assepsia ou analgesia. Os "pacientes" aparentemente não sentiam dor. Apenas alívio depois de finalizada a cirurgia.

Testemunhas ainda comentavam que Zé Arigó mudava seu comportamento para fazer as intervenções físicas. Costumava realizar orações antes de iniciar efetivamente as operações. Pronunciava frases num idioma estranho, que alguns diziam ser alemão — até por conta do Espírito encarnado do médico. Quando a cirurgia não era necessária, Zé Arigó prescrevia medicamentos, numa grafia que dificilmente era compreendida. Um de seus irmãos, que era farmacêutico, conseguia entender as receitas dadas pelo médium.

Já houve outros médiuns de cura no país, porém Zé Arigó foi o único que realizava as cirurgias com intervenção física diante de quem fosse. Isso potencializava sua fama — para o bem e para o mal. Nas filas diárias com centenas de pessoas diante do local onde atendia, aguardavam a vez os desenganados com a medicina e que viam nele uma esperança de cura — o que incluía tanto brasileiros como estrangeiros — e também os que desejavam desmascarar o falso médico. Neste último grupo encontravam-se médicos, autoridades judiciais, jornalistas e curiosos.

Quando questionado numa entrevista ao jornal *Estado de Minas*, Zé Arigó creditou exclusivamente ao Dr. Fritz todas as cirurgias. "Eu não sabia de nada. As operações vinham sendo feitas em transe mediúnico, inteiramente à minha revelia. Depois de algum tempo, um bom tempo, um jornalista de São Paulo me mostrou um filme feito aqui no centro, me mostrando em ação. Apenas nessas horas fiquei sabendo, e quase caí de costas", relatou Zé Arigó.

Entre as conclusões destacadas por Herculano Pires na obra dedicada ao médium, sobre os fenômenos que aconteciam quando incorporava o médico alemão, estão:

> "(...) Arigó age em estado de transe, pronunciando frases em alemão e falando português com sotaque alemão. Condição verificada por nós e confirmada por todos os médicos que ouvimos, embora alguns não possam afirmar que as frases estranhas sejam exatamente de alemão por não conhecerem suficientemente essa língua.
> Arigó age de maneira ríspida, não procurando agradar ninguém, nem mesmo os que declinam sua qualidade de médico. Não procura clientela e nem mostra desejo de conservá-la.
> As intervenções — tanto as operações quanto os chamados exames a ponta de faca — são feitas sem anestesia, sem assepsia, sem qualquer cuidado pré-operatório, sem ação hipnótica, aplicação de técnica letárgica, de acupuntura, de kuatsu, sem instrumentos ou ambientes adequados.
> Os pacientes não acusam dor e se mostram conscientes durante o ato, respondendo a perguntas.

> Os diagnósticos são feitos por meio extra-sensorial, inclusive à distância. Aos pacientes presentes Arigó geralmente pergunta o que sofrem, mas receita enquanto falam e muitas vezes corrige os doentes. De outras vezes receita para uma moléstia corriqueira de que o doente se queixa, mas acusa aos familiares e a outras pessoas a presença de câncer, realmente existente. (...)"

Estima-se que mais de 2 milhões de pessoas tenham sido atendidas por Zé Arigó nas décadas de 1950 e 1960. Histórias e depoimentos é que não faltam. Algumas publicações impressas reúnem esse material. Vídeos de qualidade ruim, até por causa da tecnologia na época e das circunstâncias em que foram feitos, estão disponíveis no YouTube. Em 2015 houve uma exposição na cidade natal de Zé Arigó que reuniu um rico material em sua homenagem, incluindo fotografias, objetos e publicações de jornais e revistas da época e mais atuais.

A ASSISTENTE FIEL

De origem humilde, Zé Arigó nunca pensou em sair de Congonhas, nem mesmo depois de sua fama ter atingido países além-mar. Casou-se com sua prima Arlete Soares e teve seis filhos com ela. Ao lado do marido, Arlete dedicava-se a obras de caridade e assistencialismo. Ela faleceu aos 97 anos, em novembro de 2014. Ainda vivia em Congonhas e era conhecida até sua morte como a viúva de Zé Arigó.

Seguiu a vida muito tempo com esse título, já que o médium desencarnou de forma trágica e repentina, com apenas 50 anos, em um acidente de carro na BR-040 — rodovia que conecta Brasília ao Rio de Janeiro, passando por Belo Horizonte. Mesmo sendo uma figura carismática e reconhecida em Congonhas, a Igreja Católica proibiu que seu corpo fosse velado em qualquer uma das igrejas locais, por culpa das convicções espíritas de Zé Arigó.

Antes de colocar em prática a mediunidade da cura como missão de vida, ele se incomodava com as visões que tinha e vozes que ouvia. Não encontrou dentro de casa a compreensão e as respostas que queria. Elas vieram de José Nilo de Oliveira, que morava perto da casa dos pais de Zé Arigó. José Nilo era espírita e dava as explicações com base na doutrina que seguia. Ele tinha uma filha, Leida Oliveira, que por quase duas décadas não apenas conviveu com o médium como foi sua assistente no trabalho desenvolvido em casa e no centro.

Em uma entrevista ao canal online Espiritismo BH, Leida conta detalhes do começo de sua relação com Zé Arigó. "A família de Arigó era extremamente católica, não entendia o que se passava com ele. Então, quando tinha visões, meu pai explicava a ele o que estava acontecendo. Quase todos os dias, Arigó passava em nossa casa para participar das reuniões espíritas, algumas inclusive eram materializadas... Depois que ele se casou, suas visões se acentuaram. Chegou a procurar um padre, que o levou a um psiquiatra, mas nada foi diagnosticado. Segundo o médico, Arigó estava saudável da cabeça. Como nada foi constatado, o padre realizou sessões de exorcismo nele."

Quando aceitou sua mediunidade e começou a exercê-la ativamente, Zé Arigó contou com a assistência de Leida. "Chegavam centenas de cartas. Eu ajudava a separá-las. Para esses atendimentos à distância, ele lia as correspondências e ditava as receitas. Eu escrevia e postava no correio." Já no Centro Espírita Jesus Nazareno, Leida datilografava as receitas que eram despachadas por carta.

A jovem também acompanhava as cirurgias de Zé Arigó como Dr. Fritz. De maneira carinhosa ela descreve os resultados: "As curas comoviam as pessoas, eram momentos especiais, de muita comoção. Mas também havia muitos casos que não foram curados. Há compromissos de vidas passadas, de doenças carmáticas. Quando o espírito avisava ao Dr. Fritz que a pessoa desencarnaria em breve, ele marcava em um papel um código para mim. Aí, em vez de datilografar a receita, eu colocava trechos do Evangelho, algumas orações. E a pessoa ia embora sem saber."

Leida, depois de tantos anos de convivência, reuniu em algumas publicações o que assistiu ao vivo. Entre os títulos estão *Cirurgias Espirituais de José Arigó* e *Arigó, o 13º Profeta*.

SOB A MIRA DAS INTOLERÂNCIAS

A polêmica em torno das atividades exercidas por Zé Arigó, quando encarnado pelo Espírito do Dr. Fritz, incomodava padres, médicos e qualquer pessoa que seguisse os preceitos católicos ou fosse extremamente pragmática, duvidando de efeitos paranormais de toda a natureza.

Não tardou em ser perseguido. O primeiro processo legal foi instaurado pela Associação Médica de Minas Gerais, em 1956. Zé Arigó era acusado de prática de curandeirismo — e no Código Penal Brasileiro esta atividade é considerada crime desde 1940 até os dias de hoje. A queixa resultou numa condenação de 15 meses de prisão, divulgada em 1958. Sua pena foi reduzida à metade mas nem chegou a ser detido. Recebeu um indulto (absolvição, perdão) do então presidente da República Juscelino Kubitschek. Pode soar irônico mas, além de mineiro, JK era médico. Contudo, sua atitude teve uma forte justificativa pessoal: uma de suas filhas havia sido atendida pelo médium, que diagnosticou dois cálculos renais e a curou.

Alguns anos mais tarde, um novo processo foi movido contra ele pelo exercício ilegal da medicina. Perdeu e sua condenação saiu em novembro de 1964. Ficou detido por sete meses em uma cadeia na cidade de Conselheiro Lafaiete. Leida relembra que, ao saber que havia sido condenado, Zé Arigó não reagiu, mas como a polícia de Congonhas não quis detê-lo, ele dirigiu os 25 quilômetros que separam as duas cidades e se entregou.

A repercussão não poderia ser maior. Nesse período, em vez de ficar isolado e ser esquecido, Zé Arigó presenciou romarias até a cidade vizinha de Congonhas. As pessoas faziam longas filas na porta da cadeia, com a esperança de serem atendidas. Realizava cirurgias, prescrevia suas receitas — que ele mesmo datilografava, com uma máquina de escrever solicitada ao delegado. Dizem que chegou a atender parentes de presos, carcereiros e até a mãe de um delegado da região.

VISITANTES CURIOSOS E DESCONFIADOS

Entre as muitas pessoas que se deslocavam para conhecer Zé Arigó e as façanhas que o Dr. Fritz executava, estão médicos estrangeiros e jornalistas. A jornalista Cidinha Campos fingiu estar doente para assistir Dr. Fritz em ação, na década e 1960. Contudo, Zé Arigó revelou sua verdadeira identidade e também o diagnóstico de que a profissional sofria de problemas renais. Aceitou ser operada e nunca mais reviveu o problema. Acredita que Zé Arigó é visto apenas com os olhos do preconceito, em vez de receber a devida atenção da ciência.

Na verdade ele recebeu atenção da ciência, muito mais de estrangeiros. A exemplo do médico e cientista americano Andrija Puharich, que veio em

1963 para analisar o trabalho de Zé Arigó. Operado de um lipoma no braço esquerdo pelo próprio médium, Andrija complementou suas percepções com as de outros membros de sua equipe, que também se deslocaram até Congonhas pelos cinco anos seguintes.

Já o jornalista Jorge Audi, da revista *O Cruzeiro*, levou uma equipe de reportagem e médicos a fim de desmascarar o médium. Zé Arigó permitiu que fizessem os registros sem restrições. Depois de finalizada a cobertura, todos constataram o oposto do que imaginavam. Mas para não se comprometerem diante da sociedade médica e prejudicarem suas carreiras, os médicos solicitaram que seus nomes fossem removidos da notícia escrita pelo repórter.

No último capítulo da biografia assinada por Herculano Pires, e que foi concluída em 1970 (um ano antes da morte de Zé Arigó), ele ressalta a importância de se valorizar e perpetuar o nobre trabalho do médium. São suas as palavras:

> "(...) Vinte anos já perdemos. Arigó envelhece. Suas forças começarão a declinar e suas faculdades paranormais também irão se esvaindo. Linda Gazzera, grande médium italiana que serviu para as famosas experiências de Richet e Imoda sobre ideoplastia, veio morar em São Paulo no fim da vida e nada mais produzia. Os sensitivos se esgotam, porque essa é a lei do nosso mundo. Mas no caso Arigó ainda há muito que fazer. (...) Se conseguíssemos evitar que as perseguições continuassem, assegurar-lhe um pouco de tranqüilidade, cercá-lo de carinho e compreensão, oferecer-lhe condições para o exercício controlado de suas faculdades, muito poderíamos obter. É tempo ainda de salvarmos Arigó, de não o deixarmos entregue apenas a si mesmo frente à dupla hostilidade dos que dele tudo exigem e dos que o acusam e ameaçam. Bastaria para isso um pouco mais de arejamento mental. Bastaria acertarmos o nosso passo com o mundo."

E, entre os ensinamentos ligados à cura e difundidos por Allan Kardec, estão as condições fundamentais das quais depende o êxito da cura:

o poder curativo do fluido magnético do próprio médium, a vontade do médium na doação de sua força, a influência dos espíritos para dirigir e aumentar a força do homem e as intenções, e, por fim, méritos e fé daquele que deseja se curar. O Codificador da doutrina é claro sobre o assunto:

> "A cura se opera mediante a substituição de uma molécula malsã por uma molécula sã. O poder curativo está, pois, na razão direta da pureza da substância inoculada, mas depende também da energia da vontade, que, quanto maior for, mais abundante emissão fluídica provocará e tanto maior força de penetração dará ao fluido. Depende ainda das intenções daquele que deseje realizar a cura, seja homem ou espírito."

PARA SABER MAIS

- *Arigó — Vida, Mediunidade e Martírio*, José Herculano Pires
- *Médiuns, Espíritas e Videntes: Seus segredos e poderes*, Frank Renault
- *Cirurgias Espirituais de Zé Arigó*, Leida Oliveira
- *Arigó, o 13º Profeta*, Leida Oliveira
- *ABC do Espiritismo*, Victor Ribas Carneiro

SPARTACO GHILARDI

O ORIENTADOR ESPIRITUAL QUE ENTENDIA, COMO POUCOS, OS PROBLEMAS HUMANOS

Viareggio (Itália), 12 de maio de 1914
São Paulo, 29 de outubro de 2004

No mesmo mês em que eclodiu a Primeira Guerra Mundial, em 1914, a seleção brasileira de futebol entrava em campo pela primeira vez. Enquanto países europeus disputavam territórios, os jogadores cariocas e paulistas também se digladiavam — porém, em busca da vitória contra um time inglês. Venceram o adversário no Estádio das Laranjeiras, no Rio de Janeiro, numa partida que durou menos de duas horas. Já o conflito bélico se estenderia por anos...

Nesse mesmo ano, 1914, um casal de italianos que vivia no Brasil desde a infância resolveu visitar parentes em sua terra natal. Como a mulher estava grávida, lá permaneceram por mais tempo que o planejado em função da eminente guerra que ameaçava estourar. Foi assim que Spartaco Ghilardi nasceu italiano, por uma questão circunstancial. E esse italiano, que regressa com poucos meses de vida para São Paulo e que no futuro se descobre dono de um coração verde e amarelo, se torna um apaixonado por futebol e pelas curas físicas e espirituais do ser humano.

UMA CRIANÇA A SER DOMADA

O pequeno italianinho, de nome incomum e físico franzino, era o quarto filho dos nove que Gino Ghilardi e Assunta Fioravante Ghilardi tiveram. Todos os seus irmãos nasceram no Brasil. Um breve parêntese sobre o nome Spartaco: qualquer um que o leia ou o escute fará associação direta ao filme clássico de 1960, que ganhou refilmagens e até minissérie para a televisão. A referência está correta, mas o curioso é que o pai de Spartaco recebeu a inspiração em 1914! E isso realmente aconteceu, pois a primeira versão do romance de Raffaello Giovagnoli para a telona estreou nesse ano, na Itália. O longa-metragem mudo e em preto e branco estava em cartaz no cinema de Viareggio, vilarejo no litoral da região da Toscana, onde dona Assunta deu à luz. Daí a inspiração de Gino para batizar seu filho.

Nos primeiros anos de vida, Spartaco manteve-se em silêncio. Enquanto a maior parte das crianças já ensaia as primeiras palavras depois de um ano de idade, ele começou a falar com apenas quatro. Não eram raras as noites em que, como sonâmbulo, perambulava pela casa e conversava. Isso preocupava seus pais, que não sabiam como agir. Essa característica seria associada à psicofonia sonambúlica do futuro médium.

Tanto na infância como na adolescência, Spartaco agia com intensidade, era brincalhão e por vezes reagia com nervosismo, impaciência e até agressividade quando não concordava com as situações ou com as pessoas ao seu redor. Demonstrava ser uma alma inquieta. Alguns anos depois, com o desenvolvimento de sua mediunidade, todas essas reações seriam canalizadas para acalentar os mais necessitados.

Mesmo com esse temperamento forte, Spartaco obedecia a seus pais e cresceu sabendo valorizar as atitudes de bem. Apesar de ter ingressado tardiamente na escola, com nove anos, e ter interrompido os estudos logo na quarta série do atual ensino fundamental, ele começou a trabalhar com seu pai em uma loja de móveis, com 12 anos de idade. Já adulto, tornou-se auxiliar de escritório em uma empresa alemã e posteriormente abriu uma loja de decoração em sociedade com alguns de seus irmãos.

O DESABROCHAR DE UMA INTENSA APTIDÃO MEDIÚNICA

Spartaco tinha dois tios espíritas, Antônio e Ida Passini. Eles identificavam no sobrinho o potencial mediúnico a ser desenvolvido, mas, para isso, o jovem precisaria entender e estudar a doutrina espírita. Chegaram a convidar Spartaco e sua família para participarem de algumas atividades na Federação Espírita do Estado de São Paulo (FEESP). Dada a formação católica dos Ghilardi, a recusa do convite era quase que natural. Ainda mais numa época em que o Espiritismo ainda era tido como algo ruim, associado à bruxaria e ao diabo — imagem que a Igreja Católica por décadas não cansava de reforçar e difundir essa ideia.

Contudo, o coração de Spartaco se encarregou de indicar outra alternativa como caminho para que ele entrasse em contato com os fundamentos da doutrina. No início da década de 1940 namorava uma jovem cujo pai era um fiel seguidor dos princípios de Allan Kardec. Zita Calicchio entrou na vida de Spartaco para nunca mais sair. A afinidade entre os dois fez com que o jovem, então com pouco menos de 30 anos, permitisse que sua mediunidade aflorasse e fosse trabalhada da maneira adequada.

A comunicação dos espíritos para com ele passou a ser mais frequente e de diversos tipos. "A sua mediunidade predominante é a psicofonia, embora possua também as mediunidades de vidência, clariaudiência, premonição, cura, psicografia, desdobramento e intuição", detalha Geraldo Ribeiro da Silva, autor da biografia *Spartaco: História de um Médium*, que teve a oportunidade de conviver com o médium por décadas. "Eu me espiritualizei graças a Spartaco." Segundo Geraldo, quando o médium entrava em transe, chegava a mudar o semblante, a forma de falar e até o tom da voz.

Spartaco e Zita se casaram no fim de 1945 e, desde então, passaram a frequentar juntos as reuniões da FEESP. Elas eram fundamentais para que ele amadurecesse suas habilidades mediúnicas e entendesse a influência que isso teria para o resto de sua vida terrena. Em um belo trecho do livro de Geraldo, o escritor destaca essa responsabilidade:

> "(...) A porta escolhida pelo médium é estreita.
> Atravessá-la é um grande desafio. A trajetória de
> todo medianeiro que aceita o compromisso de servir
> ao próximo, tendo Jesus como guia e modelo
> (*O Livro dos Espíritos, q. 625*), é um ato de abnegação
> e de renúncia. Trabalhar, dentro dos preceitos evangélicos,
> é trabalhar sem esperar recompensas; não são raras
> as vezes em que o médium colhe exatamente o contrário:
> a ingratidão. (...)"

COM A ORIENTAÇÃO DE MESTRES EXPERIENTES

Spartaco aceitou sua missão mediúnica e soube identificar em seu caminho as pessoas que seriam seus verdadeiros guias espirituais. Uma delas é Nair Ambra Ferreira, considerada sua grande orientadora no emprego da mediunidade com Jesus. Ela e Maria Augusta F. Puhlmann, outra guia de Spartaco, fundaram o Instituto Beneficente Nosso Lar, em 1946. Ele participou da criação dessa instituição que acolhe até hoje crianças órfãs e também trabalhou ali como orientador espiritual e médium. Geraldo descreve em seu livro:

> "(...) Foi na Instituição Beneficente Nosso Lar que Spartaco
> começou sua peregrinação espiritual, na árdua tarefa de
> ajudar a erguer os 'caídos', com o concurso dos Benfeitores
> Espirituais. Era conhecido como 'o homem bom de
> Nosso Lar'. (...)"

O médico homeopata Luiz Monteiro de Barros foi o responsável por complementar a formação espírita de Spartaco — que chamava o doutor carinhosamente de mestre. Depois de certo tempo, os constantes encontros entre os dois contaram com a companhia de outros médicos. Sob a inspiração do "médico dos pobres" Bezerra de Menezes, através da mediunidade de Spartaco, esse grupo formalizou suas atividades com a fundação da Associação Médico-Espírita de São Paulo (AME-SP), em 1968.

Outro grande nome que muito influenciou a evolução espiritual de Spartaco foi Chico Xavier. Os dois médiuns são contemporâneos. Conheceram-se ao vivo em Pedro Leopoldo (MG), cidade natal de Chico Xavier, por volta de 1954. Desde então trocavam correspondências frequentemente e, sempre que possível, Spartaco ia visitar o médium mineiro. Os encontros eram marcados por conselhos e observações recíprocas.

O NASCIMENTO DE UM GRUPO

Por anos, Spartaco participava de reuniões privativas nas casas de amigos, atendia pessoas aflitas em suas residências, guiado pelos Benfeitores Espirituais... Também orientava aqueles que desejassem fundar centros espíritas. Ele exercia sua mediunidade praticamente como um nômade espírita. Até que uma das cartas escritas por Chico Xavier a Spartaco continha uma mensagem do Espírito de Bezerra de Menezes, para que ele seguisse seu trabalho em uma casa espírita em São Paulo, não mais em diversos endereços.

Havia chegado o momento de Spartaco reunir outros seguidores e fundar seu próprio local de atendimento espiritual. Assim começou a funcionar um centro em 15 de janeiro de 1964, em Perdizes, na zona oeste da capital paulista. Contudo, não existia ainda uma identidade para a nova casa. Angustiado com a situação, recorreu a seu amigo Chico Xavier. E dele veio mais um recado do Espírito de Bezerra de Menezes, dizendo que Batuíra concordava em ser o mentor espiritual do local que seria batizado 15 dias depois, em 31 de janeiro de 1964, de Grupo Espírita Batuíra.

O endereço tornou-se o segundo lar de Spartaco. Ali realizava todas as tarefas ligadas à orientação espiritual. Seu comprometimento e sua capacidade de atrair pessoas dispostas a doar seu amor e seu tempo aos mais necessitados transformaram o Grupo em uma instituição que atualmente conta com mais de 800 voluntários, distribuídos em quatro unidades em São Paulo.

Ao longo de décadas, Spartaco ofereceu ajuda às pessoas com dificuldades sempre em sintonia com, principalmente, três Espíritos — de Bezerra de Menezes, de Batuíra e de Manecão. Este último pode não ser conhecido Brasil afora, mas no dia a dia do Grupo, sim. Manecão comunicava-se frequentemente com Spartaco, mesclando o linguajar cabloco com o do homem da cidade. A relação do médium com esse Espírito é peculiar. No começo, Manecão revelava-se uma figura obsessiva, que agia com o propósito de prejudicar o próximo. Com o tempo, Spartaco o converteu para o lado do bem, transformando-o em seu protetor e fiel companheiro de trabalho espiritual, assim como seus outros dois mentores.

FÍSICO FRAGILIZADO, ESPÍRITO CATIVANTE

Por 60 anos, Spartaco se dedicou às ajudas espirituais, através de suas múltiplas mediunidades. Mas isso não quer dizer que sua saúde física fosse tão eficiente quanto suas mensagens recebidas dos Benfeitores Espirituais. Muito pelo contrário. Ironicamente, Spartaco, a partir dos 50 anos, já sentiu sérias restrições de ordem corporal.

Em 1970, quando tinha 56 anos, passou por uma cirurgia de glaucoma. Com a visão comprometida, poucos anos depois aposentou-se. Desde então, precisava estar sempre acompanhado por alguém em seus deslocamentos. Na maior parte das vezes, sua esposa Zita cumpria esse papel, a fim de que ele conseguisse seguir com os compromissos junto à casa espírita.

Os trechos a seguir detalham a complexidade da saúde de Spartaco e, ao mesmo tempo, revelam a força de vontade e o amor pela vida que o médium transmitia. Atenção: os verbos no texto estão sempre no presente pois a obra foi escrita e lançada antes de o médium desencarnar. Ele estava com 90 anos, teve a alegria de comparecer ao lançamento de sua biografia e partiu para o plano espiritual poucos meses depois.

> "(...) Spartaco é hipertenso; usa marcapasso; convive com um cálculo renal que lhe traz muitas preocupações; possui artrose, osteoporose, hérnia de disco, câncer de pele e apresenta muita dificuldade de locomoção. Porém, para surpresa de muita gente, inclusive dos médicos que

o assistem, convive com todo esse quadro de maneira resignada e paciente. (...)
Nos hospitais, quando está internado, Spartaco não perde a disposição e lucidez espiritual para dar orientações e cativar muitos daqueles que lhe prestam cuidados. (...)
Se alguém lhe pergunta como vai sua saúde, ele responde com um sorriso nos lábios: 'Estou muito bem, muito bem mesmo. Levo a vida que pedi a Deus'. (...)"

RECADO ÀQUELES QUE SE INTERESSAM PELOS ESTUDOS DOS FENÔMENOS MEDIÚNICOS

Na mesma obra citada anteriormente, o autor deu voz ao biografado em alguns capítulos. Em um deles, Spartaco dirige a palavra principalmente aos médiuns. Adiante estão reproduzidos os dois últimos parágrafos — o conteúdo está carregado de maturidade e de humildade, de forma que qualquer seguidor do Espiritismo, seja médium ou não, deve conhecer e refletir sobre essa mensagem.

"(...)
Como todo médium, enfrentei muitos problemas; quando o fenômeno mediúnico passou a desabrochar em mim, ele se deu de maneira muito forte e intempestiva. Era uma dificuldade as pessoas me controlarem no desenvolvimento da mediunidade. Daí, porque citei os nomes de D. Nair e de Dr. Luiz, o quanto eles me ajudaram, nesse período inicial. Em seguida tive de lutar contra a euforia que tomou conta de mim de forma constante. A cada fato que se concretizava eu me deslumbrava. Pensava em alguém e, após minutos ou horas, essa pessoa aparecia. Isso me deixava eufórico; julgava-me acima do que eu era verdadeiramente.
Acredito que, no início, foi importante essa fase de euforia, porque após algum tempo, com o meu amadurecimento espiritual, ela se estabilizou e me trouxe o sentido da responsabilidade, do respeito e da educação para com

o próximo. A partir desse momento, passei a exercer a mediunidade como deveria ser exercida, ou seja, com muita responsabilidade e sustentada no Evangelho de Jesus. Passei, então, a observar melhor os ensinos do Mestre, como por exemplo o Orai e vigiai, para não cairdes em tentação... e a compreender, com mais clareza, a expressão Fora da caridade não há salvação. A observância desses ensinos evitou grandes dissabores na minha vida."

DO FUNDO DO BAÚ

Em uma vida dedicada ao trabalho espiritual, são incontáveis os casos experimentados pelo médium de alma bondosa e de atitudes firmes. Muitas das mensagens psicofônicas recebidas por Spartaco foram registradas e guardadas com carinho por sua esposa Zita, em um baú. Ao ser apresentado a esse precioso material, Geraldo, que já havia finalizado a biografia do médium, achou por bem reunir as histórias registradas em uma nova publicação, que foi intitulada *Mensagens que Retratam a Vida*. Seguem duas mensagens reproduzidas na íntegra, com lições para serem guardadas como referência de sabedoria, de consolo e de entendimento sobre a vida presente e futura.

A TERRA... UMA ESCOLA
(autor espiritual Eurípedes Barsanulfo, em 2 de abril de 1969)

"Escola, educação; escola, mestre; escola, alunos; escola, assiduidade; escola, estudos...
A escola é todo o planeta. Desde a criança ao mais velho, se não aprendermos nesta escola, teremos que a ela voltar, até aprendermos a "amar o nosso próximo como a nós mesmos".
Por que será que ainda poucos lutam nesta escola, para que os alunos aprendam que nela encontram-se as obras que os libertarão? Porque, através dos tempos, conseguiremos aprender, nas obras, o que hoje nós não compreendemos...

Elas aí estão e aí permanecerão, até que decidamos aprender a viver como irmãos que, desde há muito tempo, se ausentaram de seus compromissos, deixando--se enveredar pelo caminho largo onde o sofrimento os aguarda.
E nós sabemos que lá se encontra a fera à nossa espreita, que nos atrai quase que por uma força hipnótica. Nós sabemos que o caminho fácil nos leva à perdição. Tudo isso é do nosso conhecimento. Entretanto, preferimos agir segundo nossa vontade.
Diante disso, não culpemos o Senhor, porque Ele nos deu o livre arbítrio. Não culpemos a Jesus, porque Ele nos deu o testemunho de sua presença, deixando-nos seus ensinos e seus exemplos. Não culpemos o administrador que tão bem assimilou os ensinos do amado Mestre, oferecendo-nos obras como estas, que todos nós temos à nossa inteira disposição. Não culpemos sequer nosso próximo, nem mesmo aqueles que fazem parte de nossos laços consanguíneos. Não culpemos os que, com muito sacrifício, nos trouxeram a este mundo, pelas bênçãos da maternidade.
Culpemos, sim, a nós próprios — principais responsáveis pelo nosso futuro — desligando-nos de nossos compromissos, afastando-nos do próprio lar, que nos recebe em prantos de alegria.
Vivamos nesta escola e permaneçamos nela, porque ela é ainda a única escola e a maior dentre todas elas, se for de nosso interesse a nossa emancipação. Já viemos de outras escolas e hoje, após grandes sacrifícios, ... seria muito triste, se nós não a aproveitássemos para aprender, de vez que somos verdadeiramente irmãos perante Jesus e filhos do mesmo Pai, que é Deus.
Agradeçamos à escola de Jesus. Agradeçamos aos mestres dedicados, que colaboram eficientemente na nossa educação. Agradeçamos aos nossos pais que ofertaram o ensejo maravilhoso de voltarmos à escola em que nos encontramos. Agradeçamos aos nossos irmãos, ao se tornarem, para nós, irmãos pelos laços de família.

Agradeçamos a todos, indistintamente, por nos ajudarem a progredir.
Mas, não nos percamos no cipoal do tempo, procurando algo diferente ou novo, quando temos os recursos em nossas próprias mãos, tão velhos quanto o tempo.
Louvado seja Jesus! Louvados sejam aqueles que se sacrificaram por nós!"

CORAÇÃO MATERNO
(autor espiritual Waldemira Gallo Calichio — mãe de D. Zita, em 4 de maio de 1977)

"Era 25 de maio, mês festivo para todos os cristãos, quando deixei órfãos seis filhos pequeninos, cujas apreensões atribulavam meu espírito, receosa de que lhes viesse faltar o pão de cada dia, na dúvida se dentro do meu lar alguém viria substituir-me, apenas pelo prazer matrimonial. Como minhas preocupações se acentuassem, sequer ouvia os conselhos daqueles que vieram me recolher de onde eu me achava, para ser transportada para uma nova morada. Tudo ali encontrei, menos a certeza de que meus filhos não estariam procurando sua mãe...
Os anos foram passando. Aquelas crianças foram crescendo, meu esposo, fiel, não aceitou que ninguém viesse substituir-me, assumindo a prova disso. E meus filhos cresciam... foram se tornando jovens. Aos poucos, cada um, arbitrariamente, seguia o rumo das inspirações e de seu próprio livre-arbítrio. Entretanto, alguém me preocupava mais! No dizer da sociedade, a moça é a que mais preocupa os pais.
Naqueles momentos, pedia Deus que me permitisse permanecer junto dela, a fim de sobraçar as responsabilidades, tornando-as menos difíceis e mais fáceis de serem cumpridas. Certo dia, ela conseguiu o que já havia pedido muito antes de renascer. Contudo, decorridos mais alguns anos, seus sonhos de maternidade se escoaram, perdendo-se no tempo. Porém ela havia tido

o consentimento, pelos próprios méritos, de vir a ser uma mãe carinhosa. E Deus enviou-lhe uma filha, filha esta cujos compromissos se entrelaçam pelo tempo que já se distancia há mais de séculos.
Hoje, em suas lutas, como nas primeiras horas de minha partida, sinto uma tristeza e, ao mesmo tempo, alegria, porque, ao lado dela, está aquela que é sua companheira dileta e querida de todas as horas.
— Filha querida, maio recorda um dia de muita tristeza. Mas hoje é de muita alegria, pois a vejo e você me ouve. Posso, assim como tenho feito de outras vezes, abençoa-la como filha querida, que tem sabido tão bem cumprir com seu dever de filha, de esposa e de mãe.
Muitas mães estão aqui comigo. Todas elas atentas, orando pelos seus filhos presentes. Todas elas, como eu, estão felizes por verem seus filhos emancipados, dentro de conhecimentos que os dirigem, como a nós, à imortalidade e à vida eterna.
— Filha de meu coração, deixo para você a alegria desta mensagem, em que represento, não somente todas as mães, mas toda mulher que também é uma mãe, quando cria, quando educa uma criança e abre suas portas para que ingresse no seu lar, dando-lhe todos os direitos de um filho, atitude que encontramos em dezenas, centenas e milhares de mães.
Que Deus nos abençoe, em nome de Jesus, abençoando a minha querida filha para um 'até breve'!"

E adiante também apresentam-se duas cartas encaminhadas a Spartaco, com palavras que transbordam gratidão pela assistência dada por ele. Elas fazem parte do capítulo de depoimentos do livro biográfico de Spartaco. A primeira é assinada por Cleide Perossi, mãe de dois filhos que frequentavam o Grupo Espírita Batuíra. Um deles desencarna de maneira trágica (acidente de automóvel) e Cleide busca em Spartaco as palavras para compreender e suportar sua dor profunda. A segunda carta explica-se por si só, com a assinatura de Sueli Maria P. B. Ribeiro da Silva, que chegou a Spartaco por indicação de Chico Xavier.

CARTA DATADA DE MAIO/2002, CATANDUVA/SP.

"Sr. Spartaco e D. Zita
Obrigada pelas flores da amizade
Perfume que deixa saudade
Para sempre no coração
De amigos verdadeiros que são
Tesouro de céu em nossas mãos.
Pois ser amigo
É ter na alma essa imortal beleza
E no coração a certeza
De poder sempre contar
Com alguém que, mesmo distante,
Tão perto do nosso coração se faz.
É solitário na alegria e na dor
Confiar, ter segurança e harmonia
Apesar da distância, sentir a companhia
Pois um dia, no trem da vida,
Tivemos a grata alegria
De nos encontrarmos no mesmo vagão.

Participastes da nossa dor
Acendestes a luz do nosso coração
Fizestes da vida terrestre
A estrada da salvação
Que Jesus plantou as flores
E as cultivastes no coração.

Tem os jardins das virtudes
Da suprema perfeição
Atravessa o infinito, visita outros mundos
Trazendo-nos notícias do além
Estancando as nossas lágrimas
E dos que partiram também.

Junto com o mentor Batuíra
Alivia as nossas dores
Doando-nos vossas energias

Com amor e sabedoria.

Vossas palavras, como um livro iluminado,
Vossa vida, o Evangelho exemplificado
Que com amor nos conduz
São refletores aqui na Terra
Da bondade de Jesus.

(...)

Por tudo que nos tem ajudado
Sejais, pois abençoado
Com todas as bênçãos dos céus
Vosso nome será sempre bendito
Nos lábios de quem ora ao infinito
Agradecemos a DEUS por existirdes.

Essas palavras simbolizam
Toda a nossa gratidão
Gostaríamos de colocar em vosso coração
Todo o amor que está no nosso
E que essas letras se transformassem em flores
Para homenagear com todos os esplendores
A quem se fez herói dos sofredores (Sr. Spartaco)."

CARTA DATADA DE ABRIL/2004, SÃO PAULO/SP.

"Em 1970, solicitei ao nosso querido e saudoso Chico Xavier, o nome de uma instituição espírita, em São Paulo, para eu frequentar. Ele me indicou o Grupo Espírita Batuíra, onde conheci o Sr. Spartaco e D. Zita. Desde aquele momento, estabeleceu-se entre nós um forte vínculo de amizade que perdura até hoje.
O Sr. Spartaco é um exemplo de vida com quem aprendemos muito. É um coração que transborda amor, sentimento, sabedoria, bom ânimo e generosidade.
Diante dos desafios da vida, o Sr. Spartaco sempre ensina

a enfrentá-los com galhardia e serenidade, agradecendo a Deus as oportunidades de crescimento e progresso espiritual. Como médium, é uma referência por utilizar sua extraordinária faculdade mediúnica em favor do próximo, beneficiando, com desprendimento e abnegação, a número incontável de pessoas.
Quero externar minha gratidão ao Sr. Spartaco e D. Zita. Que Deus os abençoe!"

Sueli Maria P. B. Ribeiro da Silva

PARA SABER MAIS

- *Spartaco: História de um Médium*, Geraldo Ribeiro da Silva
- *Mensagens que Retratam a Vida*, Geraldo Ribeiro da Silva
- *Ao Médium Principante*, Carlos A. Baccelli
- *Ser Espírita*, Carlos A. Baccelli

YVONNE DO AMARAL PEREIRA

DA INFÂNCIA À DESENCARNAÇÃO, UMA VIDA DEDICADA À DOUTRINA ESPÍRITA

Valença, 24 de dezembro de 1900
Rio de Janeiro, 09 de março de 1984

Entre os muitos distúrbios raros que acometem o ser humano está a catalepsia. Quem sofre da doença — que apresenta crises que podem durar de minutos a alguns dias — perde os movimentos do corpo, todos eles. Parece um boneco de cera, porém é capaz de ver e ouvir tudo o que acontece em volta sem poder reagir fisicamente. Já se sabe que, num passado remoto, pessoas foram enterradas vivas. Talvez em alguns desses casos elas estavam tendo um ataque cataléptico.

No começo do século XX, na véspera do Natal de 1900, Elizabeth do Amaral Pereira deu à luz a sua filha na antiga vila de Santa Tereza de Valença, atual município de Rio das Flores, no Estado do Rio de Janeiro. A pequena integrante da família, após 29 dias de vida, teve um acesso de tosse e sufocou. Acreditavam que havia morrido. Na verdade, estava passando por uma crise de catalepsia.

Elizabeth, em desespero, se recolheu em seu quarto e rezou a Maria, mãe de Jesus, pedindo que não deixasse que sua filha fosse sepultada. A menina, após algumas horas considerada morta e já preparada para ser enterrada, começa a chorar. Considerado um milagre pela mãe, esta promete dar o nome de Maria à criança.

Contudo, seu marido, Manoel José Pereira Filho, registra-a como Yvonne. Yvonne do Amaral Pereira começa sua vida assim, cercada de sofrimento e também de amor, mas com uma missão que logo nos primeiros anos de vida já entenderia que a aguardava.

GENEROSIDADE E DIFICULDADES FINANCEIRAS

O pai de Yvonne ganhava a vida como comerciante, ou melhor, tentou ganhar a vida assim. Sem tino comercial e de coração generoso, beneficiava os fregueses em detrimento de seu negócio. Faliu três vezes e, sem mais dinheiro, optou pela carreira no funcionalismo público. Fato que justificava as constantes mudanças de endereço da família — passaram por Lavras (MG), Barra do Piraí (RJ), Juiz de Fora (MG), Pedro Leopoldo (MG) e Rio de Janeiro (RJ). Aliás, em todas essas cidades Yvonne frequentou casas espíritas com seu pai.

As restrições financeiras da família, que consistia no casal, Yvonne, seus cinco irmãos mais novos e um mais velho, filho do primeiro casamento da mãe, duraram décadas. No lar pobre e modesto, Yvonne cresceu convivendo também com mais bocas à mesa. Não era raro seus pais trazerem para dentro de casa pessoas necessitadas. Todos sentavam juntos para a refeição e dormiam sob o mesmo teto. Nas palavras da própria Yvonne, no livro *À luz do consolador*, ao descrever suas percepções dessa fase:

> "(...) Fui criada com muita modéstia, mesmo pobreza, conheci dificuldades de todo gênero, coisa que me beneficiou muito, pois bem cedo alheei-me das vaidades do mundo. Aprendi assim, com meus pais, a servir o próximo mais necessitado do que nós, pois, em nossa casa, eram acolhidas com carinho e respeito, e até hospedadas, pobres criaturas destituídas de recursos e até mesmo mendigos, alguns dos quais foram por eles sustentados durante muito tempo. (...)"

HABILIDADES MANUAIS E CURTA FORMAÇÃO EDUCACIONAL

Com os parcos recursos da família, naturalmente, Yvonne desde cedo precisou ajudar na renda familiar e, futuramente, no seu sustento. Frequentou apenas a escola primária e mostrou-se uma autodidata impecável daí para frente. Administrava seu tempo entre a costura, o bordado, o artesanato e as leituras de livros e periódicos. Quem imaginaria que a criança apta aos trabalhos manuais iria se transformar em uma jovem que teria lido obras clássicas de José de Alencar, Alexandre Herculano, Goethe, Arthur Conan Doyle...

Ainda nesse pacote intelectual construído por conta própria, Yvonne dominava o esperanto — idioma de fácil aprendizagem, criado por um judeu polonês no século XIX, com o intuito de se tornar a língua internacional. Com isso, Yvonne passa a se corresponder com outras pessoas esperantistas no exterior, a fim de adquirir mais conhecimento.

DE MÃOS DADAS COM O ESPIRITISMO JÁ NA INFÂNCIA

O pai de Yvonne, desde muito cedo, estimulava a filha a ter contato com os ensinamentos da doutrina espírita. Paralelo a isso, seu contato com os espíritos também começou em seus primeiros anos de vida. Por volta dos cinco anos de idade, Yvonne já os via e, por vezes, confundia-se, pois as lembranças de vidas anteriores eram tão claras que pareciam pertencer à sua atual encarnação. Havia momentos em que "exigia" determinado vestido ou pedia a carruagem que a levaria a passeio.

Em outros instantes, quando seu pai lhe chamava a atenção, ela retrucava alegando que ele não era seu pai mas, sim, "ele" — apontando para o nada. Referia-se ao espírito Charles, uma das entidades que acompanharam Yvonne ao longo de sua vida. Por esses e outros episódios, somados ao afloramento de sua mediunidade, a menina tímida e calada era considerada anormal por seus familiares. Vivia infeliz, era uma criança atormentada e seguiria como uma jovem assombrada pelas recordações de vidas passadas.

Quando estava com oito anos, Yvonne passou por nova crise cataléptica. Durante o fenômeno, teve uma visão em que seu Espírito pedia socorro. Foi quando escutou: "Vem comigo, minha filha, será o único recurso que terás para suportar os sofrimentos que te esperam." Estendeu a mão e seguiu, sem se lembrar do restante. Mas isso foi suficiente para que em breve mergulhasse nas páginas das principais obras espíritas.

Aos 12 anos, Yvonne foi presenteada com *O Evangelho Segundo o Espiritismo* e *O Livro dos Espíritos*. Essas duas publicações a acompanhariam sempre. E, em seguida, começou a frequentar as sessões mediúnicas. Esses eram momentos encantadores, já que via os Espíritos comunicantes.

SEUS PRINCIPAIS GUIAS ESPIRITUAIS

Assistida por Espíritos de alta envergadura, Yvonne contou com Charles como seu orientador durante toda a vida e em suas atividades mediúnicas. Ela o considerava pai terreno real, devido a lembranças vivas de uma encarnação passada. Em várias obras psicografadas pela médium, é possível notar o quanto Charles costura bem o drama com os ensinamentos espíritas.

Yvonne também desenvolveu grande afeto e se correspondia com Roberto de Canalejas, médico espanhol que viveu em meados do século XIX. Com relação a esse Espírito, ela revela:

"(...) Nunca desenvolvi a mediunidade, ela apresentou-se por si mesma, naturalmente, sem que eu me preocupasse

> em atraí-la, pois, em verdade, não há necessidade de se desenvolver a faculdade mediúnica, ela se apresentará sozinha, se realmente existir, e se formos dedicados às operosidades espíritas. A primeira vez em que me sentei a uma mesa de sessão prática recebi uma comunicação do Espírito Roberto de Canalejas, tratando de suicídios. (...)"

Essas experiências, combinadas às horas de estudos, tornaram Yvonne uma personalidade em profunda sintonia com o sofrimento humano, sempre preocupada com o grande problema que se refere à desistência de viver.

Outra figura emblemática que trabalhou por muito tempo ao lado de Yvonne foi o Espírito de Bezerra de Menezes. Com ele, desenvolveu também sua mediunidade receitista. E junto com Charles chegou a interceder nas materializações vivenciadas por Yvonne, conforme ela mesma descreve:

> "(...) Fui igualmente médium de efeitos físicos (materializações) e cheguei a realizar algumas materializações à revelia da minha vontade, naturalmente, sem o desejar, durante sessões do gênero a que eu assistia, em plena assistência, isto é, sem cabina ou outra qualquer formalidade. Eram luminosas essas materializações. Mas não cheguei a me interessar por esse gênero de fenômeno, nunca o apreciei e não o cultivei, a conselho de Bezerra de Menezes e Charles, que não viam necessidade de me dedicar a tal setor da mediunidade. (...)"

No âmbito das atividades mediúnicas de cura, Yvonne trabalhava com independência. Não deixava que burocracias, como horários fixos definidos pelos centros espíritas, interferissem na sua prática. Nas palavras a seguir, deixa claro o orgulho que sentia dos resultados obtidos durante os mais de 54 anos dedicados aos que necessitavam desse tipo de trabalho.

> "(...) pratiquei curas espíritas através do receituário homeopata e passes e até através de preces. Consegui, muitas vezes, curas em obsidiados com certa facilidade,

coadjuvada por companheiros afins. Senti sempre um grande amor pelos Espíritos obsessores e sempre os tive como amigos. Fui correspondida por eles e nunca me prejudicaram.

Conservei-me sempre espírita e médium muito independente, jamais consenti que a direção dos núcleos onde trabalhei bitolasse e burocratizasse as minhas faculdades mediúnicas. Consagrei-as aos serviços de Jesus e apenas obedecia, irrestritamente, à Igreja do Alto, e com ela exercia a caridade em qualquer dia e hora em que fosse procurada pelos sofredores. Para isso, aprofundei-me no estudo severo da doutrina, a fim de conhecer o terreno em que caminhava e conservar com razão a minha independência. No entanto, observei a rigor o critério e os horários fixados pelos poucos centros onde servi, mas jamais me submeti à burocracia mantida por alguns. Se não me permitiam atender necessitados no Centro, por isso ou por aquilo, em determinados dias, eu os atendia em qualquer outra parte, fosse em minha residência ou na deles, e assim consegui curas significativas, pois aprendi com o Evangelho e a Doutrina Espírita que não há hora nem dia para se exercer o bem.

As curas que consegui foram realizadas com simplicidade, sem formalismo nem inovações na prática espírita. Fui sempre avessa à propaganda dos meus próprios trabalhos e jamais aceitei as homenagens que me quiseram prestar. (...)"

Além de Charles, Bezerra de Menezes e Roberto de Canalejas, a médium se comunicava com outros Espíritos renomados e desconhecidos. Camilo Castelo Branco ditou sua principal obra, *Memórias de um Suicida*, que contou com a colaboração de Léon Denis para finalizá-lo. O pianista polonês radicado na França Frederic Chopin também se correspondia com Yvonne. Em homenagem à grande amizade que desenvolveu com ele, a médium escrevia artigos sob o pseudônimo de Frederico Francisco para a revista *Reformador*, da Federação Espírita Brasileira, entre as décadas de 1960 e 1980. Uma das passagens poéticas contadas por Sandra Ventura, psicóloga estudiosa da vida de Yvonne, fala sobre a materialização de Chopin à médium, em seu quarto. Ao notar o perfume de violetas, Yvonne comenta que já o havia sentido em outro momento, mas parecia diferente. O Espírito do compositor rebate, descrevendo que o perfume que sentia em sua presença era o de violetas colhidas em dias de chuva.

SEU PRIMEIRO CONTATO COM A FEDERAÇÃO ESPÍRITA BRASILEIRA

A mesma dupla de guias espirituais, Bezerra de Menezes e Charles, aconselhou Yvonne a amar e respeitar a casa-máter do Espiritismo no Brasil. Segundo ela mesma se justifica:

> "(...) Diziam-se as duas entidades: 'Somente à Federação Espírita Brasileira confia as tuas produções literárias mediúnicas. Se, um dia, alguma delas for rejeitada, submete-te: guarda-a, a fim de refazê-la mais tarde, ou destrua-a. Mas, não a confies a outrem.' Essa foi a razão pela qual nunca doei nenhum livro por mim recebido às editoras que me solicitaram publicações. (...)"

Ironicamente, na primeira vez que levou seus trabalhos psicografados à Federação Espírita Brasileira (FEB), eles foram rejeitados. O episódio é detalhado por Yvonne que, depois de alguns anos, entendeu o porquê.

> "(...) A primeira vez que visitei a FEB, levando uma obra mediúnica, esta não foi recebida, nem mesmo lida. Foi pelo ano de 1944, e quem me recebeu, no topo da escadaria principal, foi o Sr. Manuel Quintão, na época um dos seus diretores e examinadores das obras literárias a ela confiadas. Quando expliquei que levava dois livros ao exame da Federação (eram eles *Memórias de um Suicida* e *Amor e Ódio*), aquele senhor cortou-me a palavra, dizendo:
> — Não, não e não! Aqui só entram livros mediúnicos de Chico Xavier. Estou muito ocupado, tenho duzentos livros

para examinar e traduzir e não disponho de tempo para mais... E voltou a conversar com o Dr. Carlos Imbassahy, com quem falava à minha chegada.
Retirei-me sem me agastar. Eu reconhecia a minha incapacidade e não insisti. Aliás, eu mesma não soubera compreender o enredo de *Memórias de um Suicida*, acreditava tratar-se de uma grande mistificação e, silenciei. Em chegando à minha residência, tomei de uma caixa de fósforos e dos originais dos dois livros e dirigi-me ao quintal, a fim de queimá-los, pois nem mesmo tinha local conveniente para guardá-los. Mas, ao riscar o fósforo e aproximar as páginas da chama, vi, de súbito, o braço e a mão de um homem, transparentes e levemente azulados, estendidos como protegendo as páginas, e uma voz assustada, dizendo-me ao ouvido: '– Espera! Guarda-os!' Meu coração reconheceu-a como sendo vibrações de Bezerra de Menezes.
Certa manhã, porém, após as preces e o receituário que eu fazia em meu humilde domicílio, para os necessitados que me procuravam, apresentou-se Léon Denis dizendo: 'Vamos refazer o livro sobre o suicídio. Ele está incompleto, não poderá ser publicado como está. Então, compreendi que o Sr. Quintão fora inspirado pelos amigos espirituais para não me receber quando o procurei na Federação`. (...)"

SEU LEGADO LITERÁRIO PARA OS SEGUIDORES DO ESPIRITISMO

Com tantas habilidades mediúnicas, Yvonne dispendia seu tempo com deslocamentos, quando necessário, para atender quem precisava e também reunia os jovens familiares para realizar a Evangelização. Muitas madrugadas ficavam destinadas à psicografia. Desse árduo trabalho saíram obras célebres.

Com 568 páginas, *Memórias de um Suicida* (1955) é um marco na bibliografia mediúnica brasileira e o melhor exame sobre o suicídio sob o ponto de vista da doutrina. O famoso médium mineiro Chico Xavier considerava o melhor documento que retrata o umbral. E é dele que vem a delicada e sucinta descrição de Yvonne: "nossa heroína silenciosa".

Ainda sobre esse livro, a primeira parte descreve os sofrimentos experimentados pelos que atentaram contra a própria vida. Nas páginas encontra-se a severidade da Lei Divina. Muitas pessoas sentem dificuldade de transpor esse bloco inicial. Mas quem avança desvenda uma obra profundamente consoladora, organizada em outras duas partes — que detalham os trabalhos de assistência e de preparação para uma nova encarnação. A seguir, são reproduzidos dois trechos de *Memórias*.

PRIMEIRA PARTE / CAPÍTULO 1
VALE DOS SUICIDAS

"(...) Obrigavam-nos a torpezas e deboches, violentando-nos a compactuar de suas infames obscenidades. Donzelas que haviam se suicidado, desculpando-se com motivos de amor, esquecidas de que o vero amor é paciente, virtuoso e obediente a Deus; olvidando, no egoísmo passional de que deram provas, o amor sacrossanto de uma mãe que ficara inconsolável; desrespeitando as cãs veneráveis de um pai — os quais jamais esqueceriam um golpe em seus corações vibrados pela filha ingrata que preferiu a morte a continuar no tabernáculo do lar paterno —, eram agora insultadas no seu coração e no seu pudor por essas entidades animalizadas e vis, que as faziam crer serem obrigadas a se escravizarem por serem eles os donos do império de trevas que escolheram em detrimento do lar que abandonaram! Em verdade, porém, tais entidades não passavam de Espíritos que também foram homens, mas que viveram no crime: sensuais, alcoólatras, devassos, intrigantes, hipócritas, perjuros, traidores, sedutores, assassinos perversos, caluniadores, sátiros — enfim, essa falange maléfica que infelicita a sociedade terrena, que muitas vezes tem funerais pomposos e exéquias solenes, mas que na existência espiritual se resume na corja repugnante que mencionamos... até que reencarnações expiatórias, miseráveis e rastejantes venham impulsioná-la a novas tentativas de progresso.

A tão deploráveis sequências sucediam-se outras não menos dramáticas e rescaldantes: atos incorretos por nós praticados durante a encarnação, nossos erros, nossas quedas pecaminosas, nossos crimes mesmo, corporificavam-se à frente de nossas consciências como outras visões acusadoras, intransigentes na condenação perene a que nos submetiam. As vítimas do nosso egoísmo apareciam agora, em reminiscências vergonhosas e contumazes, indo e vindo ao nosso lado em atropelos pertinazes, infundindo em nossa já tão combalida organização espiritual o nosso mais angustioso desequilíbrio nervoso forjado pelo remorso! Sobrepondo-se, no entanto, a tão lamentável acervo de iniquidades, acima de tanta vergonha e tão rudes humilhações existia, vigilante e compassiva, a paternal misericórdia de Deus Altíssimo, do Pai justo e bom que 'não quer a morte do pecador, mas que ele viva e se arrependa'. Nas peripécias que o suicida entra a curtir depois do desbarato que prematuramente o levou ao túmulo, o Vale Sinistro apenas representa um estágio temporário, sendo ele para lá encaminhado por movimento de impulsão natural, com o qual se afina, até que se desfaçam as pesadas cadeias que o atrelam ao corpo físico-terreno, destruído antes da ocasião prevista pela lei natural. (...)"

TERCEIRA PARTE / CAPÍTULO 2
VINDE A MIM

"(...) Não raramente recebíamos a visita, durante as arrebatadoras aulas que palidamente esboçamos, de outros antigos mestres de iniciação, os quais, apresentados pelo nosso catedrático, explanavam conceitos e apreciações em torno das doutrinas e normas cristãs, com uma ardência empolgante e sublime! Novos motivos para instrução obtínhamos então, nunca menos belos nem menos agradáveis do que os que diariamente nos eram expostos. Vivíamos reclusos, era bem verdade. Continuava não existindo permissão para sairmos da Colônia a não ser em

grupamentos escoltados, nas turmas de aprendizes, mas também não era menos verdadeiro que vivíamos rodeados de uma assistência seleta, no âmbito social de uma plêiade de educadores e intelectuais cuja elevação de princípios ultrapassava tudo quanto poderíamos conceber! E porque compreendêssemos que tal reclusão era-nos como dádiva magnânima a auxiliar-nos o progresso, a ela nos resignávamos com paciência e boa vontade.
Diariamente, ao entardecer, eram-nos permitidos recreios no grande parque da Universidade. Reuníamo-nos então em grupos homogêneos e nos dávamos a conversações, comentários em torno de nossas vidas e da situação presente. Nossas boas preceptoras, as vigilantes de cada grupo, geralmente tomavam parte de tais recreios, e até nossas irmãs dos Departamentos Femininos, o que nos permitiu alargar intensamente o número de nossas relações de amizade. Seria difícil, ao fim de dez anos de internação no Instituto de Cidade Esperança, reconhecerem em nós outros os vultos enfurecidos e trágicos do Vale Sinistro, aqueles mentecaptos ridículos reproduzindo a cada instante o ato maléfico do suicídio e duas satânicas impressões! Acalentados pela Esperança, aliviados pela magia envolvente do Amor de Jesus, sob a inspiração de cujos ensinamentos ensaiávamos novo surto, éramos entidades que poderiam ser consideradas normais, não fora a consciência que tínhamos da própria inferioridade de trânsfugas do Dever, coisa que muito nos afligia e envergonhava, tornando-nos indignos em nosso próprio conceito, imerecedores do auxílio de que nos rodeavam! (...)"

Além de *Memórias de um Suicida,* Yvonne ainda psicografou importantes obras. Entre elas, *Nas Telas do Infinito*, composta de duas novelas, uma ditada por Camilo Castelo Branco e outra, por Bezerra de Menezes. *Amor e Ódio*, atribuída ao Espírito Charles, refere-se ao drama de um ex-aluno francês de Allan Kardec, o artista Gaston de Saint-Pierre, acusado de um crime que não cometeu. Nesse livro, a transformação se dá por meio dos ensinamentos presentes nas páginas de *O Livro dos Espíritos*. Adiante, um breve trecho dessa publicação.

> "(...) Gaston teve as próprias ânsias aquietadas, os desgostos amenizados por aquele nobre amigo que expiarar em seus braços, pois este lhe tecera o resumo das causas do drama compungentes que haviam vivido, declarando que sua morte, por um acidente trágico, se verificaria dentro daqueles breves dias, fosse qual fosse o motivo que a provocasse, uma vez que se tratava de uma dívida do pretérito, que necessitava expungir. Adiantou mais que o fato de se matrimoniar com Henriette visava, unicamente, a ambos auxiliar na resistência à prova do adultério. Ao reencarnar, penalizado ante os duros testemunhos com que se haveriam os dois entes que lhe eram tão caros, pedira às Potestades Supremas a missão de se interpor entre ambos a fim de lhes facilitar, de algum modo, a reparação do antigo delito, porquanto confiava em que, sendo ele próprio, Georges, o esposo de Henriette, Gaston se sentiria bastante forte para dominar a tentação que o testemunho importa. De certa feita, o luminoso fantasma disse ao amigo, comovido e agitado, enquanto, como habitualmente, de Robin lhe servia de veículo: Não tardará muito o dia em que será libertado. A prova do cárcere foi expungido. E dizer-se, Deus meu, que é por mim, somente por mim, que sofres os ferros deste cativeiro. (...)"

A tímida médium também deixou como parte de seu trabalho mediúnico com Bezerra de Menezes os livros *A Tragédia de Santa Maria*, com enredo ambientado em uma fazenda de café no Estado do Rio de Janeiro, e *Dramas da Obsessão*, que aborda o tema por meio de duas novelas. Atribuído ao Espírito de Leon Tolstoi, *Ressurreição e Vida* apresenta seis contos e dois pequenos romances tendo o período dos czares russos como pano de fundo.

Da intensa correspondência com Charles, ganha forma a trilogia *Nas Voragens do Pecado*, *O Cavaleiro de Numiers* e *O Drama da Bretanha*. Esse Espírito ainda divide autoria com Leon Tolstoi em *Sublimação*, que compreende cinco contos, um ambientado na Pérsia, outro, na Espanha e os demais, na Rússia.

A extensa produção de artigos e crônicas de Yvonne também está organizada em publicações. Entre elas, *Cânticos do Coração*, *A Família*

Espírita, À Luz do Consolador, Contos Amigos, O Livro de Eneida. Alguns deles abordam especificamente temas doutrinários, com base em suas experiências mediúnicas. É o caso de *Devassando o Invisível, A Lei de Deus, Evangelho aos Simples* e *Recordações da Mediunidade*.

PARA SABER MAIS

- *Yvonne Pereira, Uma Heroína Silenciosa*, Pedro Camilo
- *Memórias de um Suicida*, Yvonne do Amaral Pereira
- *Nas Telas do Infinito*, Yvonne do Amaral Pereira
- *Amor e Ódio*, Yvonne do Amaral Pereira
- *A Tragédia de Santa Maria*, Yvonne do Amaral Pereira
- *Ressureição e Vida*, Yvonne do Amaral Pereira
- *Nas Voragens do Pecado*, Yvonne do Amaral Pereira
- *O Cavaleiro de Numiers*, Yvonne do Amaral Pereira
- *O Drama da Bretanha*, Yvonne do Amaral Pereira
- *Dramas da Obsessão*, Yvonne do Amaral Pereira
- *Sublimação*, Yvonne do Amaral Pereira
- *A Família Espírita*, Yvonne do Amaral Pereira
- *À Luz do Consolador*, Yvonne do Amaral Pereira
- *Cânticos do Coração*, Yvonne do Amaral Pereira
- *Contos Amigos*, Yvonne do Amaral Pereira
- *Devassando o Invisível*, Yvonne do Amaral Pereira
- *Evangelho ao Simples*, Yvonne do Amaral Pereira
- *O Livro de Eneida*, Yvonne do Amaral Pereira
- *Pontos Doutrinários*, Yvonne do Amaral Pereira
- *Recordações da Mediunidade*, Yvonne do Amaral Pereira

ZILDA GAMA

UMA DAS PIONEIRAS NA PSICOGRAFIA DE OBRAS LITERÁRIAS ESPÍRITAS

Juiz de Fora, 11 de março de 1878
Rio de Janeiro, 10 de janeiro de 1969

De origem portuguesa, parte da família Gama se lança em busca de novas oportunidades numa terra que se apresentava como promissora e cheia de riquezas naturais a serem exploradas — o Brasil. Os integrantes da família se instalaram no Estado de Minas Gerais, em meados do século XVIII. Nessa época, mais precisamente em 1741, nascia um dos descendentes Gama, José Basílio, que se tornou poeta e ficou reconhecido por sua principal obra, o épico *O Uraguai*, datado de 1769.

Também em solo mineiro, o escrivão Augusto Cristiano da Gama casa-se com a professora Elisa Emílio Klörs da Gama. O casal teve seis filhos, sendo que o primogênito nasceu ainda no período do Brasil Colônia, dez anos antes da abolição da escravatura. De fato, o primeiro filho deste braço da família Gama foi uma menina, Zilda Gama. Ela cresceu em contato com as letras e naturalmente seguiu o caminho da mãe, tornando-se professora primária. Estudou na Escola Nacional de São João Del Rey e saiu de lá diplomada no curso de magistério.

A RESPONSABILIDADE FAMILIAR SOBRE SEUS OMBROS

Os pais de Zilda sempre estimularam a leitura e a escrita entre seus filhos. A exemplo de uma das irmãs de Zilda, Maria Antonieta Gama, que exibia habilidades com os versos e a música — era poetisa e violinista. Essa preocupação em criar pessoas cultas e bem informadas passou a ser uma das tarefas de Zilda muito antes do que ela imaginava.

Ainda com 24 anos, a primogênita precisou conciliar seu trabalho profissional com as responsabilidades domésticas, já que nessa, fase seus pais desencarnaram, deixando os demais filhos sob seus cuidados. Zilda assumiu a tarefa de educá-los que, em pouco tempo, se expandiu para mais cinco sobrinhos, também órfãos. A fim de aumentar a renda e conseguir arcar com os gastos da casa povoada de crianças e jovens, ela prestou concursos públicos e conquistou o cargo de diretora escolar no município mineiro de Além Paraíba.

Ali, seguiu carreira e passou a ter contato com a doutrina espírita. Não, nesta época Zilda Gama não era declaradamente espírita, mas já sabia um pouco sobre seus princípios. Dramas familiares e acontecimentos que a aborreceram bastante fizeram com que ela buscasse mais informações sobre a religião com que simpatizava. Em uma de suas frases amplamente divulgadas, deixa evidentes suas fragilidades e sua certeza:

> "Numa das fases mais difíceis de minha existência combalida por íntimos dissabores, encontrei o lenitivo para os meus pesares no livro 'O Problema do Ser, do Destino e da Dor', do consagrado escritor, Léon Denis. Foi aí que eu tive a certeza absoluta da minha tarefa no campo mediúnico."

AS CORRESPONDÊNCIAS QUE TRANSFORMARAM SUA VIDA

O pai de Zilda, já desencarnado, teve forte influência em seu caminho trilhado dentro da doutrina espírita. Em uma tarde, movida por um impulso para pegar lápis e papel, psicografou uma mensagem. Terminado o trabalho, ao ler seu conteúdo identificou claramente um conselho paterno e, nas últimas linhas, palavras que exprimiam a forma de pensar de sua irmã Maria Antonieta, que havia desencarnado pouco antes de seu pai.

A partir dessa correspondência, Zilda percebeu que precisava administrar melhor seu tempo para conseguir dedicar parte dele ao Espiritismo e às tarefas que estariam reservadas a ela, como médium. Sem prejudicar seus afazeres do lar e seu trabalho como educadora, Zilda notou que sua mediunidade tornava-se cada vez mais evidente e frequente. No texto de abertura que assina em sua primeira obra psicografada, *Na Sombra e na Luz*, ela detalha a presença constante de uma entidade que a fortaleceu nessa jornada. E também comenta sobre as preocupações que familiares tinham com relação à sua proximidade cada vez mais intensa dos eventos mediúnicos:

> "(...) Grande foi minha surpresa quando, à noite, tendo tido intuição de que ia receber mais alguma instrução de um ser intangível, tracei a lápis palavras que nem sequer me haviam passado de relance pelo cérebro e, pela primeira vez, obtive a mensagem de uma entidade desconhecida, que, desde então, todos os dias, não mais deixou de se corresponder comigo — Mercedes —, de uma dedicação inexcedível, solícita consócia de todos os meus instantes

de dor e de raras alegrias, enfim, um dos meus desvelados Guias espirituais.

Meu pasmo não teve limites quando grafei, no final do seu ditado, o seguinte: 'Alterai o que escrevestes no princípio do caderno; ides receber inspirações, não só de Espíritos familiares, como de outros que não conhecestes, que não privaram convosco e nos quais nem sequer ainda pensastes. Podeis escrever assim: 'A todos vós que vos dignastes inspirar-me boas resoluções e aconselhar-me nas horas de sofrimento e de provações'.

Houve, desse modo, para mim, a revelação de um ente que conhecia, melhor do que eu, o que sucederia comigo e que não ignorava nem o que eu escrevia secretamente... Coisa admirável!

Tive, então, por intermédio de Mercedes, a formal promessa de que iria escrever obras ditadas por agentes siderais, se o quisesse, e, algumas vezes, duvidei dessa asserção.

Como seria crível que produzisse livros de assuntos psíquicos, sem ter sequer uma idéia em mente a explanar e, além disso, assediada por íntimos desgostos e por exaustivos labores inerentes ao magistério?

No entanto, no dia e hora aprazados, comecei a grafar, velozmente, páginas de sã moral, magistrais advertências dirigidas à Humanidade imperfeita, constituindo tudo, para mim, uma surpresa: tema, epígrafe das exortações, nomes de seus signatários!

Minha família quase se alarmou por minha causa, temendo — como é crença geral entre detratores do Espiritismo — que minhas faculdades mentais ficassem desequilibradas ou que a saúde fosse prejudicada, pois, havia muito, a tinha em extremo alterável. Entretanto, as inquietadoras previsões não se realizaram, felizmente: continuei a exercer normalmente as funções concernentes ao magistério e tendo, por vezes, assumido a direção do grupo escolar local, em que leciono, não me sentia fatigada por trabalhar em demasia e o meu organismo não foi danificado.

Prossegui, pois, sem receios, meus estudos sobre o

Espiritismo e continuei a receber, pela manhã, durante uma hora, os radiogramas do Espaço. (...)"

A ESTREIA EM COMPANHIA ILUSTRE

Ao aceitar sua missão como médium psicógrafa, Zilda emociona-se ao saber que seu primeiro trabalho seria transcrever a novela ditada pelo romancista francês Victor Hugo. Autor de obras mundialmente famosas como *O Corcunda de Notre Dame* (1831) e *Os Miseráveis* (1862), Victor Hugo era também um forte ativista pelos direitos humanos e exercia grande atuação política em seu país.

Assim como os primeiros contatos de Allan Kardec com o Espiritismo foram por meio das sessões das mesas girantes em Paris, Victor Hugo também aproveitou seu período de exílio, entre 1851 e 1855, para participar dessas sessões espíritas. Convicto de suas preferências religiosas, o ensaísta francês não hesitava em dizer que era espírita. E ia além, defendia que a ciência deveria dar atenção e seriedade para os fenômenos das mesas. Desencarnou em 1885 e iniciou suas correspondências com Zilda Gama em 1916.

Dessa conexão, nasce a primeira obra psicografada por Zilda e assinada por Victor Hugo: *Na Sombra e na Luz*. A novela é composta por cinco grandes blocos, a saber: *Livro I — Uma existência tumultuosa*; *Livro II — Na escola do infinito*; *Livro III — O inspirado*; *Livro IV — A aliança*; *Livro V — O homem astral*. Cada um deles retrata uma encarnação dos personagens e tem a intenção de mostrar a possibilidade da regeneração humana, que se verifica por meio das diversas reencarnações do Espírito. Na própria abertura da publicação, Zilda Gama descreve e justifica a origem do conteúdo psicografado por ela:

> "(...) Fiquei surpreendida quando, no final de uma dissertação moral ou religiosa, tracei, pela primeira vez, os nomes gloriosos de Victor Hugo, Allan Kardec e D. Pedro de Alcântara — a tríade lúcida que ditou já seis livros, escritos por mim, sem ter ideado sequer uma página! Os cadernos em que tenho registrado seus pensamentos e os de outros Espíritos tutelares, grafados todos

céleremente, sem nenhuma corrigenda, como verdadeiras reproduções de livros alheios, já perfazem mais de meio cento, e, apesar do tempo limitado de que disponho para a cópia, já foram organizadas as seguintes obras: Revelações, dois tomos, contendo dissertações morais e religiosas, das quais algumas foram publicadas pela Gazeta de Notícias em 1913 e 1914; *Diário dos invisíveis*, versando educação moral; *Na sombra e na luz*, novela; um outro livro sobre assuntos filosóficos e uma outra novela, em preparo, quase concluídos presentemente.

Foram todas escritas sem ter eu imaginado previamente nem ao menos os seus títulos. Quando me comunicaram os meus Mentores que iam compor, mediunicamente, uma novela, fiquei perplexa, não crendo que tal se desse; no entanto, à hora convencionada, comecei a traçar o cabeçalho de um livro desconhecido, o da primeira parte, o primeiro capítulo, enfim, tudo quanto constitui os pródromos de um romance, ficando eu, ao passo que minha pena produzia o que não havia sido por mim absolutamente preconcebido, infinitamente admirada. Escrevia, metodicamente, duas páginas por dia (há cadernos quadriculados com mais de 50 pautas), rapidamente preenchidas, em poucos minutos, tendo a impressão de estar lendo, cotidianamente, o folhetim de um jornal, esperando sempre a sua continuação na manhã imediata. Às vezes fantasiava o que sucederia à personagem A ou B, e, entretanto, contra as minhas previsões, verificava depois que me iludira nessas conjeturas, pois escrevia coisa diversa do que havia imaginado. Quando concluí a primeira parte de — *Na sombra e na luz* — julguei, com alguma decepção, terminada a obra, pois que todos os seus protagonistas haviam desaparecido do cenário da vida; foi, por isso, com progressivo pasmo, que recebi as outras quatro divisões que a completam. Concluída a novela, comecei a copiá-la em tiras de impressão e, mais uma vez, pude observar a inteligência do ser invisível que me ditou. Fui avisada de que havia necessidade de refundi-la, de serem feitas correções, acrescentamentos, substituição de vocábulos

etc. Efetivamente, nos momentos de trabalho, era mister colocar, ao lado daquela em que escrevia, uma outra tira de papel em branco, para receber à parte as modificações almejadas. A pena corria sutil e rapidamente sobre a que se achava à minha esquerda e, quando ia ser feita alguma alteração, era eu advertida por um rumor suavíssimo, como o frêmito das asas de minúsculo pássaro voando cerce a meus ouvidos, a minha destra parava bruscamente e era impelida, de leve, para a tira que estava à direita, na qual eram grafados outros vocábulos, substituindo os primitivos, ampliando idéias, concluindo detalhes e explicações necessárias à clareza dos pensamentos já expendidos, e, depois, voltava à primeira, prosseguindo a cópia. Muitas vezes, quando era preciso apenas substituir alguma palavra, a caneta, sustida por minha mão — que parece ficar imponderável nos momentos do trabalho psicográfico — era levada suavemente para cima de um termo, cancelava-o, escrevendo outro acima da pauta, um sinônimo quase sempre.
Foram assim traçadas, refundidas e copiadas as páginas da novela — *Na sombra e na luz* — e de todos os outros livros já mencionados.(...)"

Em seguida, a partir das comunicações com Victor Hugo, Zilda psicografa mais quatro livros. *Do Calvário ao Infinito* apresenta a história de diversos espíritos ligados entre si por desacertos do passado, em expiações redentoras. O cenário é a Rússia do século XIX. A obra está organizada em sete livros compilados em uma mesma publicação. *Redenção* ensina sobre a realidade da interdependência das mesmas pessoas nos processos da reencarnação em busca da ascensão espiritual, por meio de lições que explicam os revezes da vida. *Almas Crucificadas* conta o drama de um jovem que se apaixona pela esposa de seu melhor amigo e o mata na esperança de ficar com sua amada. As páginas da obra reforçam a *Justiça Divina*, que também dá o amparo necessário à luta redentora do coração arrependido.

Ambientado na Itália dos Césares, o romance *Dor Suprema* se passa antes e depois da vinda de Cristo. Os relatos das diversas encarnações dos personagens retratam a lei de causa e efeito ao longo do processo de evolução do Espírito. Segue a reprodução do início do primeiro bloco, intitulado *Sonho e Realidade*:

> "Há, no sul da Europa, um país afamado, de céu sempre azul, clima suave, frutas deliciosas, separado das outras nações fronteiriças por elevadas serranias — balizas de granito e neve — os Alpes — parecendo pedestais da estátua de um Prometeu invisível, regida por arquitetos visionários, a fim de que pudesse ele escalar o infinito constelado, para lhe roubar as luzes inextinguíveis e resplandecentes dos astros, para, de seus blocos, poder plasmar as efígies dos heróis e dos deuses imortais...
> Quase todo o seu território se assemelha a um fragmento de perna de um guerreiro destemido, que, desejando atravessar o Mediterrâneo a nado, em direção ao Ocidente, se afogasse em suas águas revoltas, e, então, desaparecendo o corpo ciclópico, dele restasse apenas uma gigantesca e eterna bota marcial...
> (...)
> É a terra dos sonhadores e dos artistas, dos belos vinhos, dos vulcões violentos, das ruínas milenárias, das tragédias emocionantes, onde viveram doges e Césares, onde as gôndolas deslizam, serenamente, no dorso esmeraldino do Adriático...
> Já sabeis, leitor amigo e perspicaz, que me refiro à Itália, a pátria maravilhosa de Alighieri, de Da Vinci, de Cícero, de Petrarca, de Marco Aurélio...
> Silenciosamente, por meio do pensamento — o rádio humano, de origem divina, o maior portento da alma, invisível e perene fagulha do Criador — penetremos em uma formosa habitação romana, na era em que reinava o intrépido Júlio César.
> Nas proximidades do Palatino, erguia-se uma construção de maravilhosa arquitetura, obra surpreendente de escultores anônimos, símiles dos pequeninos e operosos agentes netuninos, que edificaram os mais assombrosos monumentos, e, logo, humildemente, se eclipsaram

nas trevas das águas, sem que, jamais, aflorassem à superfície marítima...

Nela residia um ex-procônsul da Aquitânia,8 uma das mais famosas províncias dominadas pelos romanos, e, atualmente, território francês, o qual será designado nesta narrativa pelo nome de Numa Tarquínio, cuja crueldade atingia o fantástico! Consorciado com uma jovem de peregrina formosura, notável pelo físico e pela alma, opostos aos do esposo, esse contraste valia pelo que se observa entre uma rosa de púrpura aveludada, cheia de aroma e orvalhos celestiais, e um asqueroso verme, abrigado em sua corola, a sugar-lhe a vida, gota a gota...
(...)"

UM TRABALHO INTENSO DE PSICOGRAFIA

Depois das obras de Victor Hugo, Zilda psicografou por décadas inúmeros títulos. Certamente ela é responsável por ampliar — e muito — a literatura espírita no Brasil na primeira metade do século XX. Entre suas obras, destacam-se também *O Solar de Apolo*, *Na Seara Bendita*, *Na Cruzada do Mestre* e *Elegias Douradas*.

Ao se mudar para o Estado do Rio de Janeiro — primeiramente para a capital e, em seguida, para Mesquita — Zilda estruturou mais algumas obras ditadas, entre elas, *O Livro das Crianças*, *Os Garotinhos*, *O Manual dos Professores* e *O Pensamento*.

O LADO FEMINISTA E DE JORNALISTA PROFISSIONAL

Além do tempo que destinava a psicografar, Zilda escrevia contos e poesias para vários jornais e revistas, tanto de seu estado natal como de São Paulo e Rio de Janeiro. Seu trabalho mereceu destaque em veículos de comunicação da antiga capital federal, como o *Jornal do Brasil*, a *Gazeta de Notícias* e a *Revista da Semana*.

Vivendo muito próximo à capital federal, Zilda não se mantinha alienada às transformações políticas do país. Com a Revolução de 1930, a República

Velha chega ao fim e Getúlio Vargas assume a presidência, que ocupa até 1945. O período de 1930 a 1934, conhecido como Governo Provisório, foi marcado pela centralização do poder, ao eliminar os órgãos legislativos de todas as esferas — federal, estadual e municipal. Mas foi exatamente nessa época que Zilda desenvolve uma dissertação a favor do voto feminino. Esse documento, aliado ao intenso movimento em prol dos direitos das mulheres, favoreceu as decisões das autoridades. E, em 1934, as restrições ao voto feminino foram eliminadas do Código Eleitoral, embora a obrigatoriedade do voto fosse um dever masculino. Apenas em 1946 as mulheres passaram a ter a obrigação de votar.

RESTRIÇÕES NOS ÚLTIMOS ANOS DE VIDA

Até os 81 anos, Zilda seguia firme com seus trabalhos mediúnicos. Contudo, nessa idade, foi acometida por um derrame cerebral, que a colocou em uma cadeira de rodas. Apesar de parcialmente paralisada, ainda mantinha os movimentos dos braços. O incidente também afetou suas faculdades mentais. Mas, mesmo com o raciocínio alterado, sorria e recebia de coração aberto todos que a visitavam.

Viveu assim por mais 10 anos, sob a assistência de seu sobrinho Mário Ângelo de Pinho, no Rio de Janeiro. Desencarnou em 1969 e no ano seguinte seu primo Francisco Klörs Werneck, em um de seus artigos publicados no Jornal Espírita Impacto, de Salvador, presta uma singela e bela homenagem à mulher que abdicou da construção da própria família para cuidar de seus parentes e difundir a doutrina espírita da melhor maneira que sua mediunidade permitia. Ele escreveu:

> "Zilda Gama foi sempre um padrão de honra e honestidade para a mulher espírita e eu não preciso dizer que o Espiritismo no Estado de Minas Gerais e em todo Brasil está a lhe dever algo que lhe perpetue o nome, embora ela nunca tenha pensado nisso."

PARA SABER MAIS

- *As Mulheres Médiuns*, Carlos Bernardo Loureiro
- *Na Sombra e na Luz*, Zilda Gama
- *Do Calvário ao Infinito*, Zilda Gama
- *Redenção*, Zilda Gama
- *Dor Suprema*, Zilda Gama
- *Almas Crucificadas*, Zilda Gama
- *Diários dos Invisíveis*, Zilda Gama
- *O Solar de Apolo*, Zilda Gama
- *Na Seara Bendita*, Zilda Gama
- *Na Cruzada do Mestre*, Zilda Gama
- *Elegias Douradas*, Zilda Gama
- *O Livro das Crianças*, Zilda Gama
- *Os Garotinhos*, Zilda Gama
- *O Manual dos Professores*, Zilda Gama
- *O Pensamento*, Zilda Gama

REFERÊNCIAS BIBLIOGRÁFICAS

PUBLICAÇÕES

AMARAL PEREIRA, Yvonne do, pelo espírito de Charles. **Amor e ódio**. 16.ed. Brasília: FEB Editora, 2014. 414p.

———. **À luz do consolador**. 3. ed. Brasília: FEB Editora, 1998.

———. **Cânticos do coração: Volume 1**. Rio de Janeiro: Editora Celd, 1994. 122p.

———, pelo espírito de Camilo Cândido Botelho. **Memórias de um suicida**. 27.ed. Brasília: FEB Editora, 2012. 544p.

CAMILO, Pedro. **Yvonne Pereira: uma heroína silenciosa**. 4.ed. Bragança Paulista: Editora Lachatre, 2011. 160p.

CÂNDIDO XAVIER, Francisco, pelo espírito de Batuíra. **Mais luz**. São Bernardo do Campo: Editora GEEM, 1970. 133p.

———, pelo espírito de André Luiz. **Nosso lar**. 64.ed. Brasília: FEB Editora, 2014. 320p.

———, por diversos espíritos. **Parnaso de além-túmulo**. 1. ed. Brasília: FEB Editora, 1932. 702p.

CARVALHO MONTEIRO, Eduardo. **Batuíra, verdade e luz**. 1.ed. Cambuci: Lumen Editorial, 1999. 160p.

CELESTE, Aura, pelo Espírito de Max. **Do além**. [S.l.]: Editora Muniz, 1937. 237p.

GAMA, Zilda, pelo espírito de Allan Kardec. **Diário dos invisíveis**. 1.ed. Brasília: FEB Editora, 1929. 320p.

———, pelo espírito de Victor Hugo. **Dor suprema**. 1.ed. Brasília: FEB Editora, [20--?]. 730p.

———, pelo espírito de Victor Hugo. **Na sombra e na luz**. 1.ed. Brasília: FEB Editora, [20--?]. 390p.

HERCULANO PIRES, José. **Arigó: vida, mediunidade e martírio**. 4.ed. São Paulo: Editora Paideia, 2008. 212p.

KARDEC, Allan. **A Gênese**. 53.ed. Brasília: FEB Editora, 2013. 409p.

———. **Iniciação espírita**. Brasília: Editora Edicel, 1983. 300p.

———. **O Céu e o Inferno**. 61.ed. Brasília: FEB Editora, 2014. 407p.

———. **O Evangelho segundo o Espiritismo**. 131.ed. FEB Editora, 2013. 410p.

———. **O livro dos Espíritos**. 93.ed. .Brasília: FEB Editora, 2013. 526p.

———. **O livro dos médiuns**. 81.ed. Brasília: FEB Editora, 2013. 446p.

———. **O que é Espiritismo**. 2.ed. Brasília: FEB Editora, 2013. 213p.

LEITE DE BITTENCOURT SAMPAIO, Francisco. **A divina epopéia**. Brasília:

FEB Editora, [20--?]. 520p.
NUNES MAIA, João, pelo espírito Lancellin. **Cirurgia moral**. 31.ed. Nova Suíssa: Editora Fonte Viva, [20--?]. 224p.
——. **Filosofia espírita** (10 volumes). 1.ed. Nova Suíssa: Editora Fonte Viva, [20--?]. 2200p.
——, pelo espírito Miramez. **Francisco de Assis**. 29.ed. Nova Suíssa: Editora Fonte Viva, [20--?]. 415p.
O Seareiro - Órgão divulgador do Núcleo de Estudos Espíritas "Amor e Esperança", Ano 9, no 79, São Paulo, Maio/2008.
O Seareiro - Órgão divulgador do Núcleo de Estudos Espíritas "Amor e Esperança", Ano 11, no 99, Janeiro/2010.
O Seareiro - Órgão divulgador do Núcleo de Estudos Espíritas "Amor e Esperança", Ano 11, no 104, Junho/2010.
PEREIRA DA SILVA JÚNIOR, Frederico, pelo espírito de Bittencourt Sampaio. **Do calvário ao apocalipse**. 6.ed. Brasília: FEB Editora, 1994. 267p.
——, pelo espírito Francisco Leite de Bittencourt Sampaio. **Jesus perante a cristandade**. Brasília: FEB Editora, 1975. 190p.
QUADROS CORRÊA, Ariane de. **João Nunes Maia: uma biografia**. 1.ed. Nova Suíssa: Editora Fonte Viva, [20--?]. 192p.
RAMIRO, Gama. **Caminheiros**. Goiânia: Editora Eco, 1967.
——. **Seareiros da primeira hora**. Goiânia: Editora Eco, 1967.
RENAULT, Frank. **Médiuns, espíritas e videntes: seus segredos e poderes**. Rio de Janeiro: Ediouro, 1984. 112p.
RIBEIRO DA SILVA, Geraldo. **Mensagens que retratam a vida**. 1.ed. [S.l.]: Casas Fraternais "O Nazareno" Editora, 2005. 127p.
——. **Spartaco: história de um médium**. 1.ed. [S.l.]: Casas Fraternais "O Nazareno" Editora, 2004. 215p.
RIZZINI, Jorge. **Eurípedes Barsanulfo: o apóstolo da caridade**. 9.ed. São Bernardo do Campo: Editora Correio Fraterno, 2014. 144p.
SOUTO MAIOR, Marcel. **Kardec, a biografia**. 1.ed. Rio de Janeiro: Editora Record, 2013. 322p.
WANTUIL, Zêus. **Grandes espíritas brasileiros**. 4.ed. Brasília: FEB Editora, 2002. 614p.

SITES

Brasil Escola, www.brasilescola.uol.com.br/religião
Federação Espírita do Paraná, http://www.feparana.com.br/topico/?topico=101
Jornal O Nordeste, http://www.onordeste.com/onordeste/enciclopediaNordeste/index.php
Asylo Espírita João Evangelista, http://joaoevangelista.org.br/
A Casa do Espiritismo, http://www.acasadoespiritismo.com.br/
Portal do Espírito, http://www.espirito.org.br/index.html
O Consolador, http://www.oconsolador.com.br/linkfixo/biografias/principal.html
Federação Espírita Brasileira, http://www.febnet.org.br/blog/geral/pesquisas/biografias/
Grupo Espírita Batuíra — Portugal, http://geb-portugal.org/
Casa Espírita Eurípedes Barsanulfo, http://www.ceeb.org.br/ceeb/
Grupo de Assistência Espiritual Eurípedes Barsanulfo, http://www.gaeeb.org.br/site/index.php
Correio Espírita, http://www.correioespirita.org.br/
Autores Espíritas Clássicos, http://www.autoresespiritasclassicos.com/
Fórum Espírita, http://www.forumespirita.net/fe/
Universo Espírita, http://www.universoespirita.org.br/
Pensador UOL, http://pensador.uol.com.br/frases_de_chico_xavier/
Guia HEU (Homem, Espírito e Universo), http://www.guia.heu.nom.br/
Centro Espírita Nosso Lar / Casas André Luiz, http://nossolar.org.br/site/
Sociedade Espírita Maria Nunes, http://www.marianunes.org.br/
Espiritismo BH, http://www.espiritismobh.net
Mensagem Espírita, http://www.mensagemespirita.com.br/mediuns/
Biblioteca Virtual Espírita, http://bvespirita.com/
NETLUZ, http://www.netluz.org/
Grupo Espírita Batuíra, http://geb.org.br/
Correio Fraterno, http://correiofraterno.com.br/
Espiritismo.NET, http://www.espiritismo.net/index.php
Mundo Espírita, http://www.mundoespirita.com.br/
Federação Espírita do Estado de São Paulo, http://feesp.com.br/

BLOGS

Exposições espíritas, http://ortsac13.blogspot.com.br/
Somos Espíritos, http://somosespiritos.blogspot.com.br/
Manancial de Luz, http://manancialdeluz.blogspot.com.br/
Natureza e educação, http://naturezaeeducacao.blogspot.com.br/
Aron, um espírita, http://aron-um-espirita.blogspot.com.br/

VÍDEOS NO YOUTUBE

Rádio Fraternidade, https://www.youtube.com/watch?v=eNP8PKirmoo
História do Espiritismo / O Grande Batuíra,
https://www.youtube.com/watch?v=JTuTtZQLeS4
FEBtv, https://www.youtube.com/watch?v=lpp4eYSV5lY
Yvonne do Amaral Pereira,
https://www.youtube.com/watch?v=HaYE3WZPnow
Espiritismo.NET, http://www.espiritismo.net/index.php
Mundo Espírita, http://www.mundoespirita.com.br/
Federação Espírita do Estado de São Paulo, http://feesp.com.br/